BASTEI
LÜBBE
TASCHENBUCH

Über die Autorin:

Johanna Urban schrieb einige Jahre hauptberuflich Reportagen über ferne Länder. Zurzeit düst sie in atemberaubender Geschwindigkeit durch ihre Heimatstadt München: von den Hausaufgaben der beiden Kinder zum Hörgerätesäubern bei der Mutter, zum Medikamentebesorgen für die Schwiegermutter, zum Elternabend der Schule und zwischendrin in ein Redaktionsbüro, wo sie ihren Lebensunterhalt verdient. Fürs eigene Alter hat sie zwei Pläne. Erstens: ignorieren. Zweitens: Demenz unter Palmen – im Altersheim in Thailand.

Johanna Urban

LIPPENSTIFT STATT TREPPENLIFT

Vom Chaos mit meiner achtzigjährigen Mutter

BASTEI LÜBBE TASCHENBUCH

BASTEI LÜBBE TASCHENBUCH
Band 60733

1. Auflage: Mai 2013

MIX
Papier aus verantwortungsvollen Quellen
FSC® C006701
FSC
www.fsc.org

Dieser Titel ist auch als E-Book erschienen

Originalausgabe

Textredaktion: Anne Fröhlich
Titelbild: © getty images/CSA Images/Color Printstock Collection
Umschlaggestaltung: Pauline Schimmelpenninck
Büro für Gestaltung, Berlin
Satz: hanseatenSatz-bremen, Bremen
Gesetzt aus der Candida
Druck und Verarbeitung: CPI – Ebner & Spiegel, Ulm
Printed in Germany
ISBN 978-3-404-60733-4

Inhalt

Der Tag, an dem Mama durchdrehte

Es war ein ganz normaler Tag im September, als bei meiner Mutter die Schallplatte hängen blieb.

Hätte ich nicht in diesem Moment zufällig angerufen, dann wäre es mir wohl noch eine Weile nicht aufgefallen. So aber …

»Wie es mir geht?«, schepperte sie in den Telefonhörer, so laut, als müsse sie Baustellenlärm übertönen. Mama ist nämlich schwerhörig, und weil sie sich weigert, ein Hörgerät zu tragen, klappt es bei ihr nicht mehr so gut mit der Lautstärkenregulierung, und ihre Stimme klingt eigentlich immer, als würde sie gleich in hysterisches Schreien kippen. Wenn man mit ihr telefoniert, hat man noch eine Zeit lang danach ein Summen im Ohr und fühlt sich beinahe selbst taub. Heute schwang aber noch etwas anderes in ihrer Stimme mit. Es klang beunruhigend. Ich war mir nur nicht ganz sicher, was es war.

»Ich sage dir, wie es mir geht«, sagte Mama: »Ich muss mich konzentrieren. Denn ich muss heute noch mein Captopril nehmen!« Allmählich wurde mir klar, was da mitklang. Nämlich nackte Panik.

»Und dann muss ich noch … was wollte ich sagen? Genau: Dann muss ich noch mein Captopril nehmen. Und dann … Und dann … Und dann … muss ich noch mein Captopril nehmen!!!«

»Dann nimm doch einfach dein Captopril«, rutschte es mir heraus.

»Unterbrich mich nicht, das ist nicht so einfach!«, raunzte sie so laut durch den Hörer, dass mein neunjähriger Sohn am anderen Ende der Küche von seinem Nintendo aufblickte. »Ich muss nämlich jetzt noch mein … mein … mein … Captopril nehmen. Und dann? Ach ja: Dann muss ich mein Captopril nehmen. Und dann … Und dann …«

»Mama! Mama! Hallo, hör mir mal zu: Wie viel Captopril hast du denn schon genommen?«

»Zuerst muss ich noch …«

»Wie viel?«, fragte ich.

»Ich! Weiß! Es! Nicht!« Jetzt schrie sie wirklich.

»Alles klar«, sagte ich. »Ich bin gleich bei dir.«

Es war nicht mein erster Notfalleinsatz, in letzter Zeit hatten sie sich gehäuft. Einmal zum Beispiel hatte Mama das Telefon mit der Fernbedienung verwechselt und immer wieder versucht, den brüllenden Fernseher mit der Wiederwahltaste leiser zu stellen. Aber da klang sie eher belustigt als panisch, und als ich bei ihr ankam, hatte sie ihren Irrtum längst bemerkt und versuchte, ihn zu überspielen: »NATÜRLICH kann man den Fernseher nicht mit dem Telefon regulieren«, sagte sie in einem Ton, als sei ich diejenige gewesen, der diese ziemlich merkwürdige Verwechslung unterlaufen war.

Wenn der Fernseher sich wegen Fehlbedienung nicht mehr leiser stellen lässt, besteht keinerlei Risiko für Leib und Leben. Ganz anders bei der Überdosierung von Medikamenten. Welche Menge Captopril sie wohl schon intus hatte? Und: Was war Captopril überhaupt?

Hoffentlich nur irgendwelche Vitamintabletten, davon schluckte sie immer eine Menge. Ansonsten musste sie noch Herz- und Bluthochdrucktabletten nehmen, so viel wusste ich. Und dann gab es da noch ein Medikament: das unaussprechliche. Nicht unaussprechlich, weil es so kompliziert auszusprechen wäre. Sondern weil seine Existenz im Haus meiner Mutter nicht erwähnt werden durfte. Sie weigerte sich, es einzunehmen, und versteckte es in einer Küchenschublade. Aber dieses Mittel hieß nicht Captopril, sondern Ebixa, das wusste ich sicher.

Vielleicht hätte ich sicherheitshalber gleich den Notarzt rufen sollen. Doch auf ein paar Minuten wird es jetzt auch nicht ankommen, dachte ich, und dann parkte ich auch schon vor dem Haus.

Zum Glück lag Mama nicht bereits im Captopril-Koma, sondern stand an der geöffneten Wohnungstür, die Pillenpackung in der Hand, als ich mich in den dritten Stock zu ihr hochkämpfte. Bis auf einen alarmierten Gesichtsausdruck sah sie aus wie immer: etwas jünger, als sie war. Das Jünger-Aussehen ist Teil ihres Lebensinhalts. Früher behauptete sie zwar immer, so ab siebzig würde sie sich die Haare ganz kurz schneiden lassen und aufhören, sie zu färben, sie würde flache Schuhe tragen und all die Dinge tun, die sie sich ein Leben lang versagt hatte: zum Beispiel beim Schwimmen einfach mit dem Kopf unterzutauchen, ohne Angst um Frisur und Make-up.

Nun ist Mama aber schon achtzig und macht immer noch auf jung. Auf andere Rentnerinnen mit prothesenbeiger Kleidung und schlohweißen Haaren blickt sie herab, und nach wie vor besitzt sie kein einziges Paar wirklich bequemer Schuhe – obwohl ihr wegen Rückenproblemen jeder Schritt schwerfällt.

Heute trug sie Jeans zu einem türkisfarbenen Baumwollpulli und einem bunt bedruckten Schal um den Hals – als wäre sie erst um die vierzig. Nur, dass Vierzigjährige sich meist nicht bei 25 Grad im Schatten so unangemessen dick in Baumwollpullis und Schals hüllen. Und im Spätsommer garantiert auch keine Feinstrumpfhosen unter der Jeans tragen.

Auf Mas Oberlippe hatten sich bereits Schweißperlen gesammelt, und an den Schläfen klebte das Haar, sodass man weiße Ansätze erkennen konnte. Weiße Ansätze! So etwas hatte es früher nie bei ihr gegeben. Weiße Ansätze zeigten, dass es ihr alles andere als gut ging.

»Ich sage dir: Ich weiß gar nicht, was mit mir los ist!«, stöhnte sie und ließ sich aufs Sofa fallen. »Ich bin fix und fertig!«

Kein Wunder, das wäre ich auch gewesen: Die Wohnung glich einem Backofen. Alle Fenster waren verschlossen, alle Samtvorhänge zugezogen, als wollte sie verhindern, dass das kleinste Lüftchen eindringt. Um hier nicht ebenfalls in verwirrte Katatonie zu verfallen, riss ich erst mal alles auf und flutete die Wohnung mit Sonne und Licht, und Mama blinzelte und hielt sich die Hand vor die Augen wie Dracula bei Tagesanbruch. Aber wenigstens hörte sie nun auf zu schwitzen und erholte sich ein kleines bisschen.

Jedenfalls stellte sich heraus, dass es sich bei Captopril um ihr Bluthochdruck-Mittel handelte. Und außerdem, dass die Packung noch völlig unberührt war, zum Glück. Lage für Lage breitete Mama die Tabletten für mich auf dem Couchtisch aus, als müsse sie einen Beweis erbringen. Dann nahm sie noch die Packungsbeilage heraus und faltete sie umständlich auseinander.

»Und?«, sagte sie erwartungsvoll. »Was meinst du?«

»Anscheinend hast du ja noch gar kein Captopril genommen. Also kannst du auch nicht zu viel davon genommen haben. Es sei denn, du hast noch eine Packung …«

Bei diesem Stichwort sprang sie auf (soweit man das aufspringen nennen kann, wenn es jemand im Rücken hat) und brachte mir noch eine Packung Captopril – auch völlig unberührt.

»Weißt du«, sagte sie und senkte die Stimme. »Diese hier sollte ich eigentlich gar nicht besitzen. Die hat mir die Tremel mal aus Versehen verschrieben, als ich fast noch eine ganze Packung hatte.« Die Tremel ist ihre Ärztin. »Und gestern habe ich die neue Packung aus der Apotheke geholt. Meinst du, ich bekomme jetzt Ärger?«

Einiges von dem, was meine Mutter mittlerweile so von sich gibt, hätte sie früher allenfalls ironisch gemeint. Deswegen weiß ich manchmal nicht, was ihr voller Ernst ist und was nicht, und reagiere oft total falsch: »Klar«, sagte ich. »Das gibt einen Riesenärger! Da steht bestimmt Gefängnis drauf!«

»Nein!!! Wirklich wahr?!«, antwortete sie, und mir wurde klar, dass sie das einen Moment lang tatsächlich glaubte.

»Nein, natürlich nicht. Es ist ja schließlich nicht gesetzlich verboten, zwei Packungen Captopril zu besitzen.«

»Nein, natürlich nicht!«, sagte Mama und versuchte sogar, ein bisschen zu lachen. Aber sie blickte immer noch etwas besorgt.

»Jedenfalls: Anscheinend hast du noch gar keine Tablette genommen, also kannst du ja auch nicht zu hoch dosiert haben. Also ist alles gut.«

»Meinst du?«, sagte meine Mutter und klang alles andere als beruhigt.

Nein, das meine ich eigentlich nicht. Natürlich ist nicht alles gut, wenn ein Mensch sich plötzlich überfordert fühlt von der simplen Aufgabe, eine Tablette, die er nun seit wohl zwanzig Jahren täglich schlucken muss, einzunehmen. Oder den Fernseher mit dem Telefon leiser stellen will. Das ist gar nicht gut.

Darum war ich mit ihr auch schon beim Neurologen gewesen. Das Problem war nur: Mama weigerte sich, die Diagnose des Mannes anzuerkennen und die verschriebenen Tabletten – Ebixa, das Alzheimer-Mittel – einzunehmen. Wenn ich davon anfing, flippte sie völlig aus und warf mich aus der Wohnung.

Darum erwähne ich den Neurologen und die Krankheit und die Tabletten gerade lieber nicht.

Zum Glück habe ich eine gute Freundin, die Ärztin ist. Die sagte, es sei sowieso nicht erwiesen, dass Tabletten bei dieser Diagnose helfen. Sie sagte auch, dass es sein kann, dass der Zustand meiner alten Mutter sich über die Jahre nicht unbedingt verschlechtert. Bei manchen Leuten bliebe er ziemlich konstant. Manchmal beruhigte mich dieser Gedanke.

An jenem Tag im September aber nicht: Von »konstant« konnte gerade nicht die Rede sein, und natürlich merkte meine Mutter das selbst. Das war sicher auch der Grund für ihre Panik.

Am wichtigsten war es jetzt also bestimmt, sie zu beruhigen und abzulenken, dachte ich. Wenn sie ganz ruhig und entspannt ist, dann wird sie vielleicht wieder einigermaßen normal. Dachte ich. Und ich sagte: »Weißt du was, um die Tabletten kümmern wir uns einfach später. Und jetzt gehen wir am besten raus, irgendwo ein Eis essen!«

Beim Thema Essen kam Leben in meine Mutter, blitzschnell schlüpfte sie in ihre vertraute Rolle als nährende Mutter und Großmutter und ging zum Tagesgeschäft über: »Hast du Hunger? Willst du was essen? Eis habe ich keines, aber eine schöne Portion Spagetti kann ich dir kochen. Willst du vielleicht auch einen Salat?«, fragte sie mit Eifer.

Ich hatte bereits gegessen, fast dachte ich aber

darüber nach, noch einmal etwas zu mir zu nehmen. Einfach, damit Mama sich dazusetzte und mitaß. In letzter Zeit hatte sie ziemlich abgenommen. Tatsächlich schlabberte die Jeans geradezu an ihr.

Früher war meine Mutter immer ein bisschen rundlich gewesen, obwohl sie sich eigentlich permanent auf Diät befand. Ihr beliebtester Spruch damals war: »Ich esse nichts und nehme ständig zu!« Mittlerweile hat er sich ins Gegenteil verkehrt: »Ich esse wie verrückt und nehme ständig ab!« Nur hatte ich langsam den Verdacht, dass sie eben nicht aß wie verrückt, sondern Mahlzeiten vergaß.

Daher kamen wahrscheinlich auch die nächtlichen Bauchschmerzen, die sie seit einiger Zeit plagten. Wegen dieser rätselhaften Bauchschmerzen hatte die Tremel sie sogar schon zum Kardiologen überwiesen, der aber nichts hatte finden können. Ich bin ganz fest der Meinung, bei den Bauchschmerzen handelt es sich um Hunger.

»Mama, willst DU nicht vielleicht etwas essen?«

»Ich habe heute schon unglaublich viel gegessen!«, sagte sie.

»Was denn?«

»Genug, mehr als genug.«

»Aber was?«, insistierte ich.

»Ich habe zum Beispiel mal ein ganzes Baguette zum Frühstück gegessen – ein ganzes, stell dir vor!«

Mal. Zum Beispiel. Bloß wann? Wenn überhaupt!

»Wir könnten zusammen einkaufen gehen. Frisches Baguette vielleicht. Und dann gehen wir ins Café zum Eisessen.«

»Ich bin pappsatt, ich bekomme mit Sicherheit kein Eis herunter, und ich brauche auch nichts!«, sagte Mama in bestimmtem Ton.

Na gut, dachte ich. Es ist ja noch was im Kühlschrank, den hatte ich erst vor zwei Tagen aufgefüllt, da hatte ich sie mit ihren beiden Enkelkindern besucht – meinem neunjährigen Sohn und seiner sechzehnjährigen Schwester. Jetzt könnte ich eigentlich wieder nach Hause fahren. Am nächsten Morgen sollte ich zu einer einwöchigen Geschäftsreise aufbrechen. Ich wollte noch packen und ein wenig Zeit mit Mann und Kindern verbringen.

Früher war ich mal Reisejournalistin. Mittlerweile bin ich eher Reiseredakteurin. Das bedeutet: Die Kollegen reisen, ich bearbeite ihre Artikel in der Redaktion. Jetzt, wo die Kinder älter werden, würde ich auch gern wieder öfter unterwegs sein. Meine Mutter allerdings wird auch älter, das hatte ich nicht bedacht. Und deswegen komme ich nach wie vor nur selten zum Reisen.

Ich wollte mich gerade verabschieden, da stand Mama plötzlich doch in Schuhen da (mit Absätzen! Und eindeutig etwas zu eng!), die schwarze, prall gefüllte Lederhandtasche geschultert, und sagte: »Na, dann gehen wir mal, oder?« Und: »Meinst du, ich brauche eine Jacke?« Anscheinend hatte sie ganz vergessen, dass sie erst nichts von meinem Vorschlag wissen wollte.

»Nein, Mama, eine Jacke ist viel zu warm!«, seufzte ich. »An deiner Stelle würde ich auch mindestens die Strumpfhose ausziehen, bevor wir gehen. Sonst schwitzt du dich noch tot!«

»Aber ich trage immer eine Strumpfhose!«, sagte Mama.

Früher trug sie nie Strumpfhosen im Spätsommer.

»Das ist doch viel zu warm!«

»Überhaupt nicht. Ich bin so daran gewöhnt – ich bemerke die Stumpfhose überhaupt nicht«, behauptete Mama.

Also dackelten wir los. Wobei »dackeln« wahrscheinlich nicht der richtige Ausdruck ist. Dackel können nämlich eine ziemliche Geschwindigkeit erreichen, es sind ja Jagdhunde. Wir hingegen schlichen langsam den Bürgersteig entlang.

Mama wäre eigentlich eine Kandidatin für einen Rollator, wegen des Rückenleidens – eine Wirbelsäulenverkrümmung, die ihr Schmerzen in den Beinen verursacht. Und wegen eines diffusen Schwindels, der sie seit Jahren immer wieder befällt. Da wäre es gut, wenn sie sich ab und an festhalten könnte. Sie könnte ihren Einkauf in den Rollator stellen und ihn schieben, statt alles schleppen zu müssen, und wenn sie unterwegs ermüdete, könnte sie sich einfach auf den Rollator setzen. So wie Abertausende andere alte Damen auch, die überall ganz munter und mobil mit ihren Rollatoren in der Stadt unterwegs sind.

Nur leider passen das Konzept Rollator und der Lebensinhalt Jünger-Aussehen nicht zusammen. Mama sagte immer, sie möchte lieber tot umfallen, als mit einem Rollator unterwegs zu sein. Diese Einstellung macht jeden Gang beschwerlich. So auch an jenem Tag: Spätestens nach hundert Metern musste meine

Mutter sich immer wieder kurz setzen, zum Beispiel auf Bänke, Poller, kleine Mauern. Trotz der kleinen Ruhepausen kam sie furchtbar ins Schwitzen, nicht nur wegen der Anstrengung.

»So eine Hitze, unerträglich!«, stöhnte sie.

»Besonders in Strumpfhosen«, sagte ich.

»Das liegt nicht an der Strumpfhose, dass mir zu warm ist, sondern am Wetter«, giftete sie und warf mir einen Blick zu, als wünsche sie mir einen Kugelblitz an den Hals, und ich verkniff mir jeden weiteren Kommentar, damit sie sich nicht noch mehr aufregte.

Wir kauften Brot und ein paar Kleinigkeiten, und dann steckte ich auch noch zwei Eis aus der Truhe am Supermarkteingang in die Tüte. Auf dem Weg zurück bestand ich dann darauf, dass wir kurz Pause machten und das gerade erstandene Eis aßen, weil es ja Geldverschwendung wäre, es verkommen zu lassen.

Geldverschwendung ist bei meiner Mutter ein gutes Argument. Geld verschwendet sie grundsätzlich keines. Früher war sie großzügig, das Geld saß locker. Mit den Enkeln ist sie immer noch generös, mit sich selbst nicht mehr. Sie hat zwar genug Rente, trotzdem spart sie sich jeden Luxus vom Mund ab, und zwar wortwörtlich: Im Supermarkt kauft sie grundsätzlich nur Billigprodukte, solche, wo »NO NAME« oder »Ja!« aufgedruckt steht. Sie kauft nur billigstes Supermarktfleisch, eingeschweißte Ware, auf der orangefarbene Angebots-Aufkleber prangen, weil bereits das Verfallsdatum naht. Das Prinzip Bio geht total an ihr vorbei – hauptsächlich wegen des Preises.

»Wie soll sich zum Beispiel eine fünfköpfige Familie von Biofleisch ernähren, wenn ein einzelnes Hühnerbrüstchen vier Euro kostet?«

»Aber Mama, du bist doch gar keine fünfköpfige Familie. Ein Stückchen Biofleisch ab und an kannst du dir doch leicht leisten.«

»Nein danke«, sagt sie dann. »Ich hatte heute schon ein wunderbares Wiener Schnitzel aus dem Supermarkt. Weich wie Butter!«

Nur der Rinderwahn ist ihr noch absolut präsent. Rinderwahn ist zwar aus den Nachrichtensendungen völlig verschwunden, mittlerweile wird sogar grundsätzlich bezweifelt, dass er sich überhaupt auf den Menschen überträgt und mit der Creutzfeldt-Jakob-Krankheit in irgendeiner Form in Verbindung steht. Doch meine Mutter hat nach wie vor entsetzliche Angst vor Rinderwahn. Darum hat sie seit 1993 kein Rindfleisch mehr gekauft: viel zu gefährlich.

Wir fanden eine ruhige Bank im Schatten, ich packte das Eis aus, und Mama sagte: »Möchtest du meines nicht mitessen? Ich schaffe es nicht, ich bin nämlich satt.«

Und dann passierte, was in letzter Zeit immer passiert, wenn man ihr etwas zu essen hinstellt: Das Eis verschwand in Sekundenschnelle in ihrem Mund. Noch nie hatte ich einen Menschen gesehen, der so blitzschnell ein Eis verzehrte.

Nach dem Eis brach ich Stücke von dem eben gekauften Baguette ab und belegte sie mit der frisch erstandenen Salami, dann scheibchenweise mit Käse, und alles verschwand in Rekordgeschwindigkeit im Mund meiner Mutter. Es war, als würde sie Lebensmittel wie Luft einatmen, und das bestärkte mich in meiner Theorie: Sie hatte mal wieder eine Zeit lang vergessen zu essen.

Schließlich inhalierte sie noch ein paar Oliven, direkt aus dem Glas, und dann sagte sie: »Da sieht man es mal wieder: Ich esse unglaubliche Mengen. Ich verstehe gar nicht, warum ich ständig abnehme!«

Nach dem kleinen Picknick saßen wir eine Weile im Park, der Himmel blitzte wie frisch poliert, eine sanfte Brise brachte die Pappeln zum Rauschen. Über der ganzen Szenerie herrschte friedliche Ruhe, und Mama machte sich furchtbare Sorgen um ihre Handtasche, die auf meiner Seite der Bank neben der Einkaufstüte stand, weil ich ihr das schwere Ding getragen hatte.

»Ist meine Tasche noch da?«, fragte sie alle paar Minuten mit Panik in der Stimme. Vier Mal schaffte ich es, ganz ruhig mit »Klar, deine Tasche steht hier neben mir«, zu antworten. Erst beim fünften Mal konnte ich mich nicht mehr beherrschen: »Nein, jetzt hat einer sie geklaut!«, sagte ich.

»Wie bitte?!«

»Nichts. Die Tasche steht natürlich noch da, hier ist doch weit und breit kein Mensch außer uns. Wer sollte sie also schon nehmen?«

»WIE BITTE?!« (Das war die Schwerhörigkeit.)

»Die Tasche ist noch daaahaaa! Wer sollte sie schon klauen!«

»Na wer wohl«, sagte Mama. »Ein Dieb natürlich!«

»Was war das für ein schöner Nachmittag!«, sagte Mama, als wir schließlich wieder in der Wohnung ankamen, aber dann fiel ihr Blick auf die Tabletten auf dem Couchtisch, und die ganze Entspannung war flöten. Plötzlich ging es wieder nur noch um das Captopril, und dann das Captopril, und dann das Captopril. Da wurde mir klar, dass ich jetzt unmöglich einfach gehen und am nächsten Tag verreisen konnte. Und dass da auch niemand war, den ich um Hilfe bitten konnte, denn meine Schwester war auch gerade verreist, und mein Mann hatte schon mit seiner eigenen alten Mutter genug zu tun. Und mit unseren Kindern. Und natürlich mit seinem Job.

Ich hatte also nur zwei Möglichkeiten: Geschäftsreise canceln. Oder …

»Hör zu, Mama: Ich bring dich jetzt ins Krankenhaus. In diesem Zustand möchte ich dich nicht allein hier lassen.«

»Gute Idee!«, sagte Mama ernst.

Es gibt ja alte Leute, die sich grundsätzlich weigern, ins Krankenhaus zu gehen. Meine Schwiegermutter beispielsweise. Die würde selbst mit einem Splitterbruch oder einem Herzinfarkt alles tun, um dem Krankenhaus zu entgehen.

Bei Mama dagegen habe ich immer den Eindruck, sie geht ganz gern ins Krankenhaus. Im Krankenhaus kann man ja immer sicher sein, dass der nächste Arzt nicht weit ist. Das beruhigt sie irgendwie.

Für Klinikbesuche und ähnliche Anlässe hatte

ich meiner Mutter schon vor einiger Zeit einen hübschen roten Rollkoffer geschenkt. Weil alle Gegenstände auf Rollen bei meiner Mutter im Generalverdacht stehen, nur etwas für alte Leute zu sein (egal, wie oft ich beteuere, dass heute jeder Mensch Rollkoffer verwendet), steckte das gute Stück aber noch unbenutzt in Plastikfolie, da pellte ich es nun heraus. Dann öffnete ich ihren großen Wandschrank.

Darin offenbarte sich, dass sie seit etwa 1972 nichts mehr in die Kleidersammlung gegeben hatte. In Bezug auf Nachthemden ergab das insgesamt einen meterhohen Stapel – genug für ein ganzes Nonnenkloster oder alle Insassen eines mittelgroßen Altersheims. Wobei ich mich schon fragte, wie jemand mit einem Rückenleiden zu solch einer Menge derart akkurat gebügelter, bodenlanger Batistnachthemden kam. Für solche Reflektionen bestand nun aber keine Zeit, darum raffte ich die vier obersten zusammen und legte sie in den roten Koffer.

»Viel zu wenig«, befand Mama, deshalb holte ich noch drei.

»Wer weiß, wie lange ich dort bleiben muss«, erwiderte sie darauf und holte noch ein paar. Bis der Koffer schließlich fast überquoll von Nachthemden, so etwa zwanzig an der Zahl. Erst dann wurde sie ruhig. Dann packte ich noch alle ihre Medikamente in ein Seitenfach, inklusive Ebixa, dem unaussprechlichen aus der Küchenschublade. Dann gratulierte ich mir innerlich zu dem Kauf des Rollkoffers – wenn ich alles in Mamas Umhängereisetasche hätte transportieren müssen, hätte ich auch Rückenschmerzen bekommen. Und dann zogen wir los.

Jetzt dämmerte es schon, und in der Notaufnahme saßen bereits ein älterer Herr mit Kreislaufproblemen, arabische Touristen mit einem fiebernden Teenager, ein gereizter Blinddarm, ein verstauchter Fuß und sieben oder acht betrunkene junge Männer in Tracht, die leicht verletzt auf ihre Lederhosen bluteten: Es war der erste Oktoberfestsamstag. Zum Glück hatten wir vorreserviert.

Ein Klinikum ist natürlich kein Hotel. Trotzdem konnte ich Mama einbuchen, denn ich verfügte über Vitamin B: Beziehungen. Meine Freundin hatte früher in besagtem Krankenhaus gearbeitet, und sie hatte uns bereits telefonisch angekündigt, deshalb durften wir gleich durch zum Check-in.

Dort erwartete uns das übliche Prozedere: das Aufnahmeformular.

»Geburtsdatum?«, fragte die Schwester.

»Waaas will sie?«, wandte sich Mama, die in großen Räumen mit Hintergrundgeräuschen noch schlechter hörte als sonst, an mich.

»Mama, die Schwester braucht deine Daten für den Aufnahmebogen«, erklärte ich.

»Weeen?«, fragte Mama.

»Das Geburtsdatum, bitte«, wiederholte die Schwester, und Mama, die endlich verstanden hatte, sagte: »Neunzehnter oder zwanzigster Mai. Schreiben Sie einfach, was Sie wollen.«

Ich verdrehte die Augen: Tausendmal hatte ich ihr schon gesagt, sie solle beim zwanzigsten bleiben. Aber sie hörte ja nie auf mich.

Es war nämlich folgendermaßen: Mama war eine Hausgeburt, und eine Zeit lang hatte sie geglaubt, sie sei an einem neunzehnten geboren worden. So steht es in ihrer Geburtsurkunde, so steht es auch in ihrem Personalausweis und in ihrem Reisepass. Vor rund sechzig Jahren dann erzählten ihre Eltern ihr ganz nebenbei, dass es tatsächlich bereits kurz nach Mitternacht gewesen sei, als sie das Licht der Welt erblickte. »Aber da war ja schon der zwanzigste und nicht mehr der neunzehnte!«, sagte meine Mutter, worauf mein Opa erwidert haben soll: »Ist doch völlig egal!«

Meiner Mutter aber nicht. Fortan feierte sie ihren Geburtstag immer am zwanzigsten Mai, und sie gab dieses Datum auch überall an: bei der Krankenkasse, bei jedem Arbeitgeber, später auch bei der Rentenanstalt. Nur Pass und Geburtsurkunde ließ sie niemals korrigieren – vielleicht kam sie einfach sechzig Jahre lang nie dazu.

Dass es sich so zutrug, weiß ich noch aus der Zeit, als meine Mutter sich selbst daran erinnerte: Sie hat die Geschichte ab und an erwähnt. Leider vergaß meine Mutter irgendwann die Umstände rund um die unterschiedlichen Geburtsdaten so gut wie vollständig.

Dann passierte, was in den letzten Jahren öfter vorkommt: Wenn Mama etwas nicht mehr weiß, dann denkt sie sich eine Geschichte aus. In diesem Fall lautet sie folgendermaßen: Irgendwelche Ämter hätten einen Fehler in ihre Papiere gebracht, und als sie diesen Fehler korrigieren wollte, hätte der zuständige Sachbearbeiter sich mit den Worten »ist doch völlig egal« rundheraus geweigert. Das erzählt sie immer und immer wieder. Denn wenn Mama auch so einiges vergisst: Geschichten, die sie sich ausdenkt, um zu vertuschen, was sie vergisst – die vergisst sie nie.

Mama setzte also an, der verblüfften Aufnahmeschwester die Umstände ihrer doppelten Geburtsdaten zu erläutern. Dazu kramte sie tief in ihrer ausladenden Handtasche nach Ausweisen, Briefen, Unterlagen und anderen Beweismitteln, und als sie den Kopf wieder aus der Tasche zog, hatten die Schwester und ich uns schon nonverbal über Augenverdrehen, Brauenheben und Kopfnicken verständigt. Deswegen komplimentierte sie Mama zurück auf die Wartebank und ließ mich die Formalitäten regeln, zum Glück.

Über die Gründe für unser Erscheinen musste ich mich nach diesem kleinen Vorfall dann gar nicht mehr groß auslassen – die Schwester war im Bilde und tippte eifrig in den Computer. Dann schickte sie Mama zur Urinprobe und schließlich in einen Behandlungsraum mit Liege ganz am Ende des Ganges.

Da saßen wir dann im Neonlicht und warteten. Und warteten. Anscheinend waren meine Beziehungen doch nicht so gut – wahrscheinlich war es schon zu lange her, dass meine Freundin hier gearbeitet hatte. Man konnte hören, wie sich die Behandlungszimmer nebenan füllten und wieder leerten. Es wurde immer später und später. Wie es in Notaufnahmen eben so ist.

Schließlich kam eine Schwester und fragte, welche Tabletten meine Mutter einnehme und was das Problem sei. Und Mama sagte: »Schwester, wir kommen zu Ihnen, denn ich habe Schmerzen im rechten Bein! Und im Rücken auch, besonders wenn ich mich bücke ...« Da musste ich wieder sehr viel unauffällig mit dem Kopf schütteln und gestikulieren und flüstern, und die neue Schwester schrieb ebenfalls ganz fleißig in den Patientenbogen.

Als sie draußen war, sagte ich: »Mama, wir sind doch heute nicht wegen der Rückenprobleme da.«

»Ja, aber ich habe doch Rückenprobleme! Und das Bein tut weh, hier, sieh mal, ich bin ganz schwach im rechten Bein ...«

Und das stimmte natürlich. Es ist nur so: Die Schmerzen sind chronisch, aber mit Schmerzmitteln einigermaßen erträglich. Eigentlich weiß sie das, nur heute nicht, deswegen musste ich ihr das alles erneut ganz ausführlich erklären: dass wir NICHT wegen des Rückens im Krankenhaus sind.

Sie hört zu und nickt, aber man merkt: So richtig kann ich nicht zu ihr durchdringen. Es ist nicht, weil sie das grundsätzlich nicht mehr verstehen würde. So weit ist sie mit ihrer Vergesslichkeit noch nicht. Wenn sie sich konzentriert und ruhig ist, versteht sie rational eigentlich noch alle Zusammenhänge.

Das Problem ist, dass sie nur noch selten ruhig ist. In letzter Zeit befindet sich Mama in permanentem Ausnahmezustand. Alles macht ihr Angst. Die Panik erschwert ihr das klare Denken und macht sie irrational und wirr. Und mir gelingt es fast nie, sie zu beruhigen. Vielleicht bin ich auch einfach zu ungeduldig, zu schnippisch, zu leicht genervt. Und ich weiß: Das hat sie nicht verdient. Sie hat Geduld verdient, wie sie sie immer mit uns hatte.

Mama war als junge Frau auf den ersten Blick nicht gerade der Muttchen-Typ. Dazu war sie viel zu sehr auf ihr Erscheinungsbild fixiert, und auf ihre berufliche Unabhängigkeit. Sie gehörte ja zu einer der ersten Generationen von Frauen, die ihr Leben selbst in die Hand nehmen konnten. Nach der Scheidung von unserem Vater war Mama froh, dass sie als technische Zeichnerin einen Job hatte, mit dem sie uns ernähren konnte. Attraktiv war sie außerdem, auffällig gekleidet, mit hochhackigen Schuhen, tiefem Ausschnitt, roten Lippen, langen Haaren. Sie hatte Verehrer in Scharen. Sie war eine Frau, bei der man hätte denken können, die Kinder liefen so nebenher.

Dabei war es ganz anders: Wir standen im Zentrum ihres Lebens, und damit alle unsere Kindersorgen und Wehwehchen. Mama war nie ungeduldig, nie desinteressiert. Sie war der Meinung, man müsse Kinder mindestens ebenso für voll nehmen wie Erwachsene. Wie gleichberechtigte Partner nahm sie uns zu jeder Einladung mit, die sie besuchte. Und wenn das jemandem nicht gefiel – was nicht selten vorkam, denn in den Siebzigerjahren war es noch nicht üblich, die Kinder überallhin mitzuschleppen –, dann ging sie da einfach nicht mehr hin.

Waren wir krank, bekümmert oder müde, dann verwöhnte sie uns nach Strich und Faden, mit Wärmflaschen und Teechen und Süppchen, mit denen sie uns fütterte. Und sie war immer auf unserer Seite: Wenn ein Lehrer sich über uns beschwerte, dann war es erst einmal er, der einen Beweis für unser Fehlverhalten zu erbringen hatte. Und selbst wenn er das konnte, wurde er von ihr beschuldigt, nicht in der Lage zu sein, pädagogisch zielfördernd mit uns umzugehen. Einen neuen Mann ließ sie übrigens (wegen uns, sagte sie) nie ins Haus.

Wir durften alle Freundinnen und Freunde mit nach Hause bringen, wir konnten die Musik aufdrehen, den Kühlschrank leeren, sogar die Hausbar. Und immer durften wir Mamas wunderbare Klamotten ausleihen, ihre Schminksachen, ihr Parfüm – nur die Schuhe nicht. »Leider!«, sagte sie, denn sie trug 39, meine Schwester und ich aber zwei Größen kleiner. Eigentlich war es herrlich mit Mama. Nur manchmal …

Manchmal flippte sie wegen eines einzigen nicht von uns abgespülten Glases in der Küche aus, schrie hysterisch, weinte, sprach tagelang kein Wort. Einmal sperrte ich mich ein, um ihren Launen zu entgehen, da schlug sie so hart an die Glastür, dass sie brach und Mama sich an den Scherben die Hand verletzte. Ich war schon im Studium, da brauste sie eines Tages wegen eines nichtigen Grundes so auf, dass sie mir mit Schwung von Weitem einen Teller entgegenwarf. Er landete auf meinem Fuß, und ich musste in die Klinik zum Nähen. Oft dachten meine Schwester und ich, mit Mama stimme etwas nicht.

Ebenso oft wünschten wir uns damals, sie würde

doch einen Mann ins Haus lassen – dann hätten wir endlich ausziehen können, denn sie wäre nicht allein gewesen. Als ich es dann endlich schaffte zu gehen, war sie aber nur ein paar Wochen beleidigt und dann jahrelang wie eine gute Freundin. Und schließlich, als ich selbst Mutter wurde, entwickelte sie sich zur wunderbaren Oma, die oft die Kinder hütete.

Nur manchmal … da flippte sie nach wie vor noch aus. Und es wurde über die Jahre eher schlimmer. Nach und nach verfeindete sie sich mit allen Freundinnen und Freunden, allen Bekannten und Weggefährten, den meisten Nachbarn und sogar fast allen Verwandten, bis nur noch ganz wenige übrig waren. Tagelang, wochenlang beklagte sie sich, schlecht behandelt worden zu sein, erzählte von unfassbaren Grobheiten, die andere ihr angetan hätten, und konnte davon gar nicht mehr aufhören.

Irgendwann wurden diese Berichte ganz irreal: Einer ihrer Orthopäden habe sich brutal auf sie geworfen – aber sie hätte es eigentlich nicht erzählen wollen, ihr glaube sowieso kein Mensch. Oder: Der Zahnarzt habe ihr gesunde Zähne gezogen und stattdessen falsche eingesetzt, gegen Mamas Willen. »Aber das glaubt ihr natürlich auch wieder nicht!«, herrschte sie uns dann an, und meine Schwester und ich konnten uns nur vielsagende Blicke zuwerfen. »Die spinnt wieder«, raunte Lisa mir später zu. »Es wird immer schlimmer.«

Heute denke ich: Das merkwürdige Verhalten der letzten Jahre, das war vielleicht schon Teil der Krankheit. Nur wussten wir es damals noch nicht.

Nach einer Ewigkeit in der Notaufnahme tauchte der erste Arzt auf und klagte uns erst mal sein Leid: Wie sehr er das Oktoberfest und all die betrunkenen Verletzten hier verabscheue und dass er dieses oktoberfestnahe Krankenhaus ohnehin zutiefst hasse. Wenigstens darüber waren wir uns einig: Nach zweieinhalb Stunden hasste ich es auch aus vollem Herzen. Schließlich fragte er Mama, was das Problem sei, und sie sagte prompt: »Herr Doktor, wissen Sie – ich habe oft solche Schmerzen im rechten Bein!«

Endlich stellte sich heraus, dass Mama eine Blasenentzündung hatte. Einfach nur eine harmlose Blasenentzündung. Doch selbst kleine Infekte können zu gesteigerter Verwirrung führen – die sich aber meist wieder einigermaßen gibt, wenn der Infekt ausgeheilt ist. Außerdem hatte sie wohl zu wenig getrunken und war deswegen total dehydriert, was dieselben Folgen hat – und sich ebenfalls wieder gibt. So ist das, besonders wenn man an Demenz leidet, meinte der Arzt.

Demenz. Ich hatte es nicht gesagt, das schlimme Wort. Zumindest nicht so laut und deutlich, dass Ma es hätte hören können. Er hatte es gesagt. Jedenfalls: Jetzt war's raus.

»DEMENZ!«, wiederholte Ma in ihrer typischen Schwerhörigenlautstärke. »NA UND?! In meinem Alter darf man doch wohl ein bisschen vergesslich sein!«

Da wäre ich beinahe vor Überraschung vom Stuhl

gefallen. Beim letzten Mal, als das Thema zur Sprache kam, hatte sie geschrien, getobt, auch geweint. Und alles bestritten. Aber offenbar hatte sie es endlich irgendwie akzeptiert.

»Aber natürlich dürfen Sie ein bisschen vergesslich sein!«, erwiderte der Arzt. »Ich bin selbst oft ein bisschen vergesslich. Und jetzt bekommen Sie von uns Antibiotika und eine Infusion, und in ein paar Tagen geht es Ihnen wieder viel besser!« Dann kam meine Mutter auf Station, und als das Krankenhausbett mit dem Aufzug oben ankam, war sie eingeschlafen. Und alles schien gut.

Bis auf die Tatsache, dass zu Hause auch schon alles schlief und ich nun sieben Tage lang weg sein würde. Dass meine Reisetasche noch ungepackt war und der Wecker für meinen frühen Flug in weniger als drei Stunden läuten würde. Dass ich auch sonst mal wieder nichts von dem erledigt hatte, was ich wollte, sollte und musste. Dass mein Sohn viermal auf die Mailbox meines ausgeschalteten Handys gesprochen hatte – zuletzt unter Tränen.

Und natürlich, dass meine Mutter Demenz hat.

Diagnose Demenz oder: In meinem Alter darf man doch wohl ein bisschen vergesslich sein!

Seit Mama dement ist, ist meine Welt voller Dementer: Kaum jemand aus meinem Bekanntenkreis, der nicht einen oder eine kennt oder sogar in der Familie hat. Vor ein paar Jahren saßen wir noch alle zusammen und haben über den Alltagswahnsinn mit den Kindern geredet. (Das tun wir nach wie vor, denn unsere Kinder sind noch ziemlich jung.) Jetzt reden wir auch noch über den Irrsinn mit den Alten: Andreas' Stiefvater zum Beispiel, für den haben sie nun ein Heim gefunden, da gibt es sogar eine Bushaltestelle. Dort sitzen die Patienten gern und warten auf einen Bus, der niemals kommt. Oder Georgs Vater. Der pinkelt plötzlich vom Balkon und sagt: »Na und! Stand doch keiner unten!«

Dabei ist Demenz nicht gleich Demenz: Die Mutter von Alex beispielsweise wird immer sonniger und ist stets bestens gelaunt. Wenn sie den Tag einfach nur im Sessel auf der Terrasse verbringen kann, dann ist sie absolut glücklich. Man muss nur aufpassen, dass es nicht schneit, damit sie da draußen nicht irgendwann erfriert.

Früher, so kommt es mir vor, da war niemand dement. Zumindest nannte man es nicht so. Ich kann mich zum Beispiel noch gut an meine Oma erinnern, die Mutter meines Vaters, die wir Nürnberg-Oma nannten. Sie sah so aus, als wäre sie schon als Oma auf die Welt gekommen. In einem Alter, in dem Frauen heute noch schulterlanges Haar tragen, in dem sie tanzen gehen, sich frisch verlieben, tauchen lernen (wenn sie das wollen) und fast alles tun, was Dreißigjährige auch tun, da hatte sie bereits dicke, beige, faltenwerfende Stützstrumpfhosen an den Beinen und ließ sich das Haar beim Friseur in kurze graue Schafslöckchen legen. Sie buchte Butterfahrten in die Dolomiten und ließ sich dabei Heizdecken andrehen, und sie häkelte uns Enkeltöchtern Kleider, die wir nur trugen, wenn sie zu Besuch kam. So lebte die Nürnberg-Oma etwa ab ihrem fünfzigsten Lebensjahr, und zwar ziemlich zufrieden und gesund vierzig Jahre lang bis über ihren neunzigsten Geburtstag hinaus. Warum sie die Stützstrumpfhosen trug, fanden wir nie heraus. Erst kurz vor Schluss wusste sie nicht mehr so recht, wo und wer sie war, da sagte mein Vater: »Jetzt wird die Oma ein bisschen senil!« Das fand man ganz normal.

Noch eine alte Frau aus meiner Kindheit fällt mir ein: ein buckliges Weiblein, das bunte Kopftücher trug und in einem windschiefen Häuschen am Ende der Siedlung wohnte. Wenn jemand an ihrem Garten vorbeiging, schwang sie ein Holzscheit und kreischte erschreckende Dinge von teuflischen Teufeln. Trotzdem spürten wir: Sie hatte noch tausendmal mehr Angst vor uns als wir vor ihr. Wir nannten sie »die irre Hexe«.

Ich wünsche mir sehr, dass Mama später zu denen gehört, die glücklich auf der Terrasse sitzen. Aber oft habe ich Angst, sie wird vielleicht mal eine irre Hexe. Sie ist jetzt schon gar nicht sonnig und glücklich, sondern meistens ausgesprochen schlecht gelaunt, und zwar (unabhängig von Demenz oder nicht) schon seit Jahren. Für Mama ist das sprichwörtliche Glas nicht nur halb leer – es ist außerdem vom Tisch gefallen und in tausend Scherben zersplittert, von denen eine ihr beim Aufheben den Daumen aufgeschnitten hat. DAS ist meine Mutter. Die Zeiten, in denen sie eine fröhliche und strahlende Frau war, sind schon ein paar Jahre her.

Wer negativ in die Welt blickt, wird von ihr natürlich selten positiv empfangen. Deswegen beschwert sich Mama nun schon seit Jahren darüber, dass sie überall so schlecht behandelt wird. Besonders beim Arzt. Das ist auch kein Wunder: Weil sie immer so aufgeregt ist, wenn sie zum Doktor muss, vergisst sie beim Betreten der Praxis in der Regel zu grüßen. Schilder mit der Aufschrift »Bitte halten Sie Diskretionsabstand« ignoriert sie grundsätzlich, einfach, weil sie sie gar nicht wahrnimmt: Meine Mutter hat Schilder ihr ganzes Leben lang meist nur dann bemerkt, wenn sie direkt auf Augenhöhe vor ihr Gesicht gehalten wurden – was in der Regel selten vorkommt.

Also quetscht sie sich neben den Patienten, der bereits am Tresen der Sprechstundenhilfe steht, und beginnt, nervös schnaubend in ihrer großen schwarzen Handtasche zu wühlen, bis sie schließlich ihre Krankenkassenkarte findet, die sie der Praxisangestellten wortlos entgegenstreckt.

Kommt dann ein Kommentar wie »Bitte nicht vordrängeln«, oder ein spitzes »Guten Tag, erst mal«, dann ist sie vollkommen fassungslos und gekränkt, fühlt sich vor den Kopf gestoßen und schwört, diese Praxis nie wieder zu betreten.

»Mama, warum grüßt du denn nicht mehr, wenn du einen Raum betrittst?«, habe ich sie mindestens tausendmal gefragt.

»Ich wollte nicht stören«, sagt Mama dann, oder: »Ich wollte nicht lästig sein.« Oder sie sagt: »Selbstverständlich grüße ich!« Und grüßt weiterhin nicht. Es ist, als wüsste sie nicht mehr so recht, wie zwischenmenschliches Verhalten funktioniert.

Genau genommen macht Mama beim Arztbesuch immer alles falsch: Einmal, es war bei der Akupunktur, da hieß es, sie solle noch im Wartezimmer Platz nehmen.

»Aber wo ist das Wartezimmer?«, fragte sie (obwohl sie das nach all den Besuchen natürlich hätte wissen können).

»Sie müssen gleich rechts zur Tür neben der Toilette«, sagte die Sprechstundenhilfe. Mama nahm das wörtlich. Darum stand sie dann da, ungefähr eine halbe Stunde lang. Rechts an der Tür neben der Toilette. Danach war sie natürlich mal wieder stinksauer und sagte, dass sie nie wieder zur Akupunktur gehen würde.

Mittlerweile habe ich mir angewöhnt, sie nach Möglichkeit zum Arzt zu begleiten. Was aber nicht immer einfach ist: Schon die Terminfindung ist ein Problem. Vor zehn, elf Uhr bewegt Mama sich ungern aus dem Haus, obwohl sie meist früh wach ist. Ich kann aber nur frühmorgens, schließlich gehe ich einem Beruf nach. Darum halte ich mich nicht an ihre Vorgaben und vereinbare die Termine so, wie ich es schaffe.

»Neun Uhr«, sagt sie in solchen Fällen schwermütig. »Um Gottes willen! Das ist ja entsetzlich!« Es klingt, als hätte man ihr von einem schrecklichen Unglücksfall berichtet.

Gegen sieben Uhr ruft sie dann das erste Mal bei uns zu Hause an: »Du weißt schon, dass wir heute zum Arzt müssen!!!«

»Natürlich, Mama.«

»Und, wann kommst du?!«

»Wie besprochen: Es reicht völlig, wenn ich um 8 Uhr 15 bei dir bin.«

Spätestens um acht Uhr ruft sie wieder an, diesmal auf meinem Handy, und schmettert ins Telefon:

»Es ist acht!!!«

»Ja, Mama, es ist acht. Genau.«

»Ich habe dich zu Hause nicht erreicht!«

»Mama, das liegt daran, dass ich im Auto sitze. Ich bin auf dem Weg zu dir. Wir müssen doch zum Arzt.«

»Ich habe schon gedacht, du hast es vielleicht vergessen.«

Wie könnte ich.

Oben bei ihr angelangt, stellt sich dann meistens heraus, dass sie noch gar nicht fertig ist und beispielsweise völlig im Zweifel, welche Bluse sie zur Jeans wählen soll. Oder vielleicht doch lieber eine schwarze Hose statt der Jeans? Schließlich wandert sie dann noch fünf oder sechs Mal zwischen Bad und Küche hin und her, um ganz sicherzugehen, dass der Herd ausgeschaltet ist und kein Wasserhahn läuft. Dann zieht sie sich gaaanz langsam ihren Mantel an und mustert sich eingehend im Spiegel.

»Schau mal, mein Gesicht! Ich bin so alt geworden. Ganz plötzlich! All diese Falten sind vor zwei Monaten noch gar nicht da gewesen«, sagt sie dann immer.

»Ach Quatsch, du siehst doch noch viel jünger aus, als du bist. Und jetzt müssen wir wirklich …«

»Nein, ganz im Ernst«, holt sie aus. »Diese Linie hier – die ist ganz neu, die habe ich noch nie gesehen. Und da am Hals …«, und so weiter.

Schließlich wandelt sie tief deprimiert die Treppen nach unten, was wegen des Rückenleidens immer einige Zeit beansprucht. Und egal, wie spät wir nun mittlerweile dran sind: Unten angekommen, wird sie erst einmal umständlich ihre Handtasche öffnen, den gerade erst darin verstauten Schlüssel suchen, um dann den Briefkasten aufzusperren, alle Briefe und Reklamesendungen aufzureißen und Seite für Seite zu inspizieren, bevor sie sie wieder zusammenfaltet, wieder in die Kuverts packt und in den Briefkasten zurücklegt, um sie dann bei der Heimkehr erneut herauszuholen.

Das ist der Moment, in dem mir völlig die Nerven durchgehen und ich losbrülle wie ein wütender Löwe, sodass die Fenster erzittern und das ganze Haus bebt: »Uuuuhaaaaghhh!!!«

Nein, tue ich natürlich nicht – aber der Impuls ist nur schwer zu unterdrücken: Mit der Oma etwas zu erledigen, das ist immer zum Aus-der-Haut-Fahren – schon bevor man überhaupt richtig aus dem Haus ist.

Im Wagen vergisst sie dann grundsätzlich, sich anzuschnallen. Wenn man sie daran erinnert, dann antwortet sie mit einem tieftraurigen »Oh nein, das auch noch«. Dann nestelt sie eine halbe Ewigkeit an ihrem Gurt herum. Während der Fahrt blickt sie sich unablässig erstaunt um und beschwert sich über das starke Verkehrsaufkommen. Und nach dem Parken reißt sie immer die Autotür auf und springt mit ungewohnter Behändigkeit aus dem Wagen auf den Radweg – ohne sich umzublicken. Es ist ein Wunder, dass dabei noch kein Unfall geschehen ist.

»Um Himmels willen!«, kann ich dann nur aufschreien. »Pass doch auf die Radfahrer auf! Es fährt noch mal einer in dich hinein!«

»Radfahrer?! Hier?«, reagiert sie dann jedes Mal total verblüfft, ganz als schrieben wir immer noch 1970, wo es noch keine Radwege auf dem Bürgersteig gab, auch keine Anschnallgurte und grundsätzlich viel weniger Verkehr. Und vielleicht beginnt für Mama tatsächlich jeder Tag ungefähr im Jahre 1970. Wer weiß das schon …

Wahrscheinlich geht das mit der Demenz schon eine Weile, nur haben wir es lange nicht bemerkt, weil Mama nämlich immer schon ein bisschen verträumt und verschroben war. Sie gehört beispielsweise zu den Menschen, die nie die Gesichter anderer Menschen erkennen, wenn diese ihr auf der Straße begegnen. Noch nicht mal die ihrer Kinder und Enkelkinder. Sie hat gar keine Beobachtungsgabe. Tausend Mal hat sie uns die Geschichte erzählt von dem Aufsatz, den sie damals als Kind in der vierten Klasse schreiben musste, über den riesigen, blühenden Baum, der die Mitte ihres Schulhofs dominierte. Das Problem war nur, dass Mama in den vier Schuljahren nicht bemerkt hatte, dass dort überhaupt ein Baum stand.

Sie besitzt auch keinen guten Ortssinn und ist überhaupt nicht in der Lage, Stadtpläne oder Straßenkarten zu lesen, und das, obwohl sie mal als technische Zeichnerin gearbeitet hat. Das alles kannten wir von ihr schon von früher und machten uns keine Gedanken darüber.

Aber dann schmeckte das Essen plötzlich nicht mehr bei ihr: Die Kinder bekamen die Spaghetti Bolognese bei der Oma einfach nicht runter: »Da ist ja gar keine Tomatensauce dran«, sagten sie. Mama hat nämlich vergessen, dass Tomaten in die Bolognese gehörten, jetzt kocht sie sie immer nur mit Hackfleisch in sehr, sehr viel Öl. Abgesehen von fettigen Nudeln scheint ihr nur noch ein einziges weiteres Rezept einzufallen: Wiener Schnitzel mit Bratkartoffeln, tagein, tagaus. Kein Wunder, dass sie nicht mehr viel isst.

Auch mit Mengenangaben und Summen schien sie Probleme zu bekommen: Ging man für sie einkaufen, dann drückte sie einem gern ein paar Hunderter in die Hand, einen nach dem anderen, für ein Kilo Bananen und eine Packung Klopapier. Und einmal besorgte sie acht Dresdner Marzipan-Stollen, weil wir uns zum Adventskaffee angesagt hatten. Dabei waren wir nur zu viert!

Und dann die Sache mit dem Wasserschaden … Das war wahrscheinlich das Schlimmste. Die Leute von der Gebäudeversicherung machten kein großes Aufhebens, sie zahlten einfach, als Mama das ganze dreistöckige Mietshaus überflutete, aber trotzdem: Alle Nachbarn waren betroffen, und einen Monat lang liefen Trockenmaschinen im ganzen Haus!

Aber natürlich war Mama nie schuld an irgendetwas, sie fand immer für alles eine Erklärung, eine Entschuldigung, eine Begründung, um zu vertuschen, dass sie einfach vieles vergaß: Angeblich war ein defekter Waschmaschinenzulauf verantwortlich für die Überschwemmung, und NATÜRLICH treffe Mama gar keine Schuld (was tatsächlich vorgefallen war, kam nie ganz raus – wahrscheinlich aber hatte sie einfach den Wasserhahn laufen lassen).

Außerdem: Die fettige Soße mit Hack war plötzlich ein Spezialrezept vom Lafer aus dem Fernsehen. Und die übrigen siebeneinhalb Dresdner Stollen waren absichtlich zu viel, denn sie wollte später noch zum Frühstück davon essen (das reichte sicher bis Ende April).

Und wenn ihr gar nichts zu ihrer Rechtfertigung

einfiel, dann warf sie einfach den Kopf zurück und lachte laut heraus. Das klang dann immer ein bisschen so wie der verrückte Dr. No bei James Bond.

Den Termin beim Neurologen hatte ich nach dem kleinen Vorfall mit dem Fernseher, den Mama mit der Wiederwahltaste des Telefons leiser stellen wollte, vereinbart. Übrigens tat sie das, während sie gleichzeitig mit ihrer Freundin Jule telefonierte. Zumindest dachte sie, dass sie noch mit Jule telefonierte. Tatsächlich hatte sie bei mir angerufen und immer wieder gleich aufgelegt (die Wiederwahltaste). Endlich erkannte sie, dass ich am Apparat war, aber irgendwie schien sie zu denken, Jule sei auch immer noch dabei: »Jule und ich versuchen gerade, den Fernseher leiser zu stellen, aber das verdammte Ding reagiert nicht«, tönte sie in den Hörer. Es war einigermaßen beunruhigend.

Ebenso beunruhigend war, dass sie gar nicht recht registriert hatte, warum wir bald darauf zum Neurologen fuhren: Sie dachte, es ginge mal wieder um ihre Beine, so wie unlängst erst. Andererseits war ihre Ahnungslosigkeit auch ganz praktisch. Hätte sie gewusst, welchen Verdacht ich hatte, wäre sie kaum mitgekommen.

»Weißt du, Mama, heute lassen wir mal einen kleinen Gedächtnistest machen«, bereitete ich sie erst im Wartezimmer vor. »Das ist ja bei allen älteren Leuten wichtig. Manchmal ist es ganz gut, wenn man sich dann bestimmte Vitamine und Tabletten verschreiben lässt und so.« Und bevor sie etwas erwidern konnte, wurden wir auch schon aufgerufen.

»Nun«, sagte der Neurologe zu meiner Mutter, als wir gemeinsam vor seinem Schreibtisch saßen. »Sie haben also Probleme mit dem Gedächtnis?«

»Was sagt er?«, wandte Mama sich an mich.

»Haben Sie Probleme mit dem Gedächtnis?«, fragte der Arzt, diesmal lauter.

»Absolut nicht«, strahlte Mama ihn an und war urplötzlich ganz wie früher: selbstbewusst, aufgeschlossen, einfach ganz normal. »Ich höre schlechter in letzter Zeit, aber sonst habe ich keine Probleme, zum Glück.«

»Ach nein?«, fragte er verblüfft.

»Also, da gibt es schon so ein paar Hinweise …«, ergriff ich das Wort, doch der Neurologe blickte mich so strafend an, als glaubte er, ich wolle Ma entmündigen lassen, um an das (nicht vorhandene) Erbe zu kommen. Darum verstummte ich.

»Es gibt also keinerlei Probleme, zum Beispiel im Alltag?«

»Sehen Sie, Herr Doktor, ich bin schon achtzig Jahre alt!«, sagte Mama und legte eine Kunstpause ein, um ihm die Gelegenheit zu geben, zu versichern, dass sie viel jünger aussehe – die er aber nicht wahrnahm. »Aber ich komme meinem Alter entsprechend wunderbar zurecht!«

»Na dann! Das ist doch prima!«, sagte der Neurologe, und blickte wieder streng zu mir herüber. »Aber trotzdem machen wir jetzt mal ein paar kleine Tests, nur um sicherzugehen«, endete er schließlich, und ich atmete auf. Dann kam eine Sprechstundenhilfe und nahm Mama mit.

Es dauerte eine Weile, ich ging ins Wartezimmer, und als sie schließlich wieder zurückkam und sich neben mich setzte, hatte sie vor Aufregung ganz rote Wangen.

»Hast du gesehen: Er hat drei kleine Kinder. Tüchtig, tüchtig. Aber verheiratet ist er nicht!«, sagte sie. Sie meinte den Arzt.

Wie schon erwähnt, registriert Mama Schilder nur, wenn sie ihr direkt vor die Augen gehalten werden. Und sie wüsste vermutlich nicht einmal zu sagen, in welcher Farbe ihr eigenes Wohnhaus gestrichen ist. Trotzdem ist diese Frau grundsätzlich über die Familienverhältnisse anderer Leute im Bilde. Sie hatte, ganz oben in einer Ecke des Regals im Behandlungszimmer des Neurologen, ein kleines, silbergerahmtes Foto gesehen.

»Und woher willst du wissen, dass er nicht verheiratet ist?«

»Er trägt doch keinen Ring! Hast du das gar nicht bemerkt?!«

Nein. »Aber Mama, das ist doch kein Beweis – vielleicht hat er ihn einfach beim Händewaschen abgelegt. Ärzte müssen sich doch ständig die Hände waschen.«

»Nein, der trägt nie einen Ring. Sonst hätte er ja einen weißen Abdruck am Ringfinger, so braun gebrannt, wie er ist.« Aha.

Und wie war der Test?

»Total blödsinnig«, sagte Mama. »Ich musste irgendwelche dämlichen Markierungen auf einem Zifferblatt machen, und solches Zeug. Das sind Dinge, die ich sowieso noch nie konnte. Was sagen die schon aus?!«

»Und was noch?«

»Ich glaube, die Sprechstundenhilfe war nicht sehr zufrieden mit mir«, sagte sie. »Ich sollte Tiere aufzählen. Alberner Quatsch!«

»Welche Tiere denn?«

»Heimische Tiere. Ich habe gesagt: Hund, Katze und Kuh. Und dann musste ich noch exotische Tiere nennen, da ist mir nichts eingefallen.«

»Gar nichts?«

»Doch, der Löwe«, gähnte Mama.

»Sonst kein einziges exotisches Tier? Kein Affe, keine Schlange, kein Tiger, nichts?«

»Ach ja, Affen und Tiger gibt es ja auch noch«, sagte Mama gelangweilt. »Daran habe ich gar nicht gedacht. Aber daran hätte ich auch früher nicht gedacht, mit meinem Alter hat das gar nichts zu tun!« Vielleicht ist das nicht mal gelogen.

Als wir wieder ins Behandlungszimmer des Arztes durften, schaute er mich jedenfalls nicht mehr an wie eine Erbschleicherin. Im Gegenteil: Er warf mir einen mitfühlenden und traurigen Blick zu.

»Hm!«, machte er, blätterte in den Unterlagen und wandte sich dann ganz jovial an meine Mutter. »Ganz so wie mit vierzig ist es nicht mehr, nicht wahr?«

»Ich bin ja auch schon achtzig, aber sonst komme ich hervorragend zurecht ...«, sagte Mama.

»Hm! Welches Jahr schreiben wir eigentlich gerade?«, fragte er.

»2001!«, antwortete Ma wie aus der Pistole geschossen.

»Hm? Das stimmt jetzt nicht so ganz …«

»Ach ja, ach ja: 2004! Oder 2009?«

Da blickten der Neurologe und ich uns ziemlich erschrocken an.

»Also doch das Gedächtnis«, sagte er dann. »Gedächtnis« ist das Wort, mit dem man alte Leute erst mal konfrontiert, um nicht gleich den Ultra-Schocker in den Mund zu nehmen: Alzheimer-Demenz. Der Begriff, bei dem unweigerlich ein Film vor dem inneren Auge abläuft, von Senioren, die ihre Straßenschuhe in die Spülmaschine stellen und die Teller im WC waschen. Oder die sich abends in der Stadt verirren, weil sie nicht mehr nach Hause finden, und auf einer Gartenbank erfrieren. Oder eben den Balkon herunter… und all so was. Darum nahm der Neurologe das Wort, das mit A anfängt und mit …heimer aufhört, vorsorglich nicht in den Mund.

»Es gibt Tabletten«, sagte er stattdessen, und klang fast schon fröhlich. »Die bringen das Gedächtnis nicht zurück, aber sie verlangsamen den Abbauprozess.«

»Muss ich die denn nehmen?«, fragte Mama, wieder so frustriert, als hätte man ihr eröffnet, sie bekäme den Kopf abgeschnitten.

»Wäre schon ziemlich wichtig«, sagte der Arzt. »Und erschrecken Sie nicht, wenn sie den Beipackzettel lesen. Was da steht, das hat nichts zu sagen.«

»WAS?«, fragte Mama.

»NICHT ERSCHRECKEN, wenn Sie den BEIPACK-

ZETTEL lesen. Das Medikament wirkt gegen viele verschiedene Krankheiten, die Sie gar nicht haben«, sagte er und blickte mich vielsagend an. »Also: NICHT ERSCHRECKEN!«

»WAS HAT ER GESAGT?«, brüllte Mama mir wieder entgegen, und der Arzt fiel ein:

»Und lassen Sie sich mal ein Hörgerät machen. Das wäre ganz wichtig für Ihr Gedächtnis!«

Da war er bei Mama aber auf dem Holzweg: »Davor habe ich Angst!«, sagte sie. »Viele Leute sagen mir, ein Hörgerät schadet nur. Davon hört man nur noch schlechter.«

»Schlechter? Mit dem Hörgerät hört man schlechter?«, wunderte sich der Arzt, der nun wohl dachte, er habe seinerseits nicht richtig verstanden. »Das kann ja nicht sein!«

»Oh doch!«, erklärte Mama mit Inbrunst. »Sehr viele hören damit schlechter! Das sagen mir die Leute immer wieder!« Tatsächlich gab es nur eine Person, die das sagte: Die andere Oma in unserer Familie, Ömi genannt – meine Schwiegermutter. Sie ist Mamas Freundin und Verbündete. Was die Ömi ganz konkret sagte, war: »Der beste Platz für das Hörgerät ist die Nachttischschublade.« Deswegen schaffte meine Mutter sich erst gar keines an.

Jedenfalls erschrak Mama trotzdem, als sie den Beipackzettel las, und zwar sehr. Als ich sie zwei Tage später anrief, um zu fragen, ob sie das Mittel aus der Apotheke geholt habe und wie sie es vertrüge, ging sie direkt in die Luft: NIE wieder wolle sie etwas von dem Mittel hören, AUF KEINEN FALL würde sie es schlucken, und so weiter. Sie tat ganz so, als würde das Medikament Alzheimer-Demenz auslösen, statt sie aufzuhalten. Deswegen landete es dann in besagter Küchenschublade. Und so hat in unserer Familie jede Oma ihre spezielle Schublade, in der sie unerwünschte Hilfsmittel versenkt.

Erst ein halbes Jahr später, an dem Abend im Krankenhaus, hatte meine Mutter sich endlich damit abgefunden, dass ihr Gedächtnis nicht mehr »ganz so wie mit vierzig« funktioniert. Und dann fuhr ich auf Geschäftsreise. Am Tag vor ihrer Entlassung kam ich praktischerweise zurück.

Es war ein Sonntagabend, es regnete, und meine ganze Familie stand am Flughafen: mein neunjähriger Sohn Linus, mein Mann Andreas und sogar meine sechzehnjährige Tochter Ida (das ist nicht selbstverständlich: In ihrem Alter ist man normalerweise nicht so sehr an Familienaktivitäten interessiert). Offensichtlich hatten sie mich vermisst. Und außerdem hatten sie Hunger: Nicht weit vom Flughafen entfernt liegt ein Landgasthof, den meine Kinder lieben. »Zu Hause gibt's sowieso nichts zu essen!«, klagte Ida. »Papa hat überhaupt nichts eingekauft.«

»Aber immerhin haben wir uns um deine Mutter gekümmert«, sagte Andreas zu mir, nachdem wir die Bestellung aufgegeben hatten. Fast jeden Tag war jemand von der Familie bei ihr im Krankenhaus zu Besuch gewesen. »Aber sie hat natürlich trotzdem ständig nach dir gefragt.«

»Wie geht's ihr denn?«

»Viel besser«, sagte Ida. »Das erste Mal, als ich dort war, hat sie mich allen Ernstes mit Lisa verwechselt. Da bin ich ziemlich erschrocken. Aber mittlerweile ist sie wieder wie immer.«

Für den Moment mochte das so sein. Aber ob man sich darauf für die nächste Zukunft verlassen konnte? Wohl kaum.

»Ich mache mir schon Sorgen wegen der Oma. Ich weiß nicht, wie das weitergehen soll. Vielleicht kann sie bald gar nicht mehr alleine wohnen«, sagte ich.

»Du kannst sie ja fragen, ob sie zu uns zieht«, sagte Ida. »Sie könnte bei Linus im Zimmer schlafen. Auf dem Ausziehsessel.«

»Bei MIR? Wieso denn bei mir? Dein Zimmer ist doch viel größer, und außerdem …«

»Reg dich ab«, sagte Ida. »War nur ein Witz.«

»Ich glaube, es gibt schon einen Plan, wie's mit Oma weitergeht«, sagte mein Mann. »Im Krankenhaus haben sie irgendwas für sie angeleiert. Ruf mal Lisa an.«

Und dann erfuhr ich, warum es zu Hause nichts zu essen gab: Samstag früh war Andreas mit Linus im Hallenbad gewesen, und direkt im Anschluss ging es zu meiner Mutter ins Krankenhaus. Danach setzten sie sich erneut ins Auto und fuhren zu Andreas' Mutter, der Ömi. Dort verbrachten sie den ganzen Nachmittag. Trotzdem wäre noch Zeit gewesen, in den Supermarkt zu gehen.

Doch als Andreas und Linus wieder zu Hause waren, fiel meinem Mann ein, dass er vergessen hatte, Ömi etwas Bestimmtes zu sagen, es ging um einen gemeinsamen Bank-Termin. Er rief sie also an, aber Ömi ging nicht an den Apparat. Er versuchte es wieder und wieder. Vergeblich. Da machte er sich Sorgen, packte Linus noch mal ins Auto, und sie fuhren erneut zu Ömi.

Ömi wohnt quasi am anderen Ende der Stadt – nur dass ihr Haus bereits außerhalb der Stadtgrenze liegt. Man braucht schon einige Zeit von uns bis zu ihr. Als sie endlich wieder dort ankamen, saß sie gemütlich im Wohnzimmer vor dem Fernseher, aber das Telefon lag im Garten, auf einem Lehnstuhl neben dem Sonnenschirm. Also fuhren Andreas und Linus wieder nach Hause zurück. Aber mittlerweile hatten die Supermärkte schon geschlossen.

»Na, dann wart ihr ja ganz schön unterwegs am Wochenende ...«, sagte ich.

»Oh ja. Man braucht keine Hobbys, wenn man Omas in der Familie hat«, seufzte mein Mann. Nein, für Hobbys ist bei uns in der Familie gerade nicht die richtige Zeit. Eher vielleicht mal für einen Altenpflegekurs.

Apropos: »Da fällt mir ein, dass ich jetzt wohl endlich mal Oma anrufen sollte«, sagte ich. Das konnte ich auf Reisen nämlich eine ganze Woche lang nicht tun, weil Mamas Krankenhausanschluss nicht aus dem Ausland anwählbar war. Es war wie Urlaub! Ich schäme mich ein bisschen, das zuzugeben, aber es ist so.

»Hallo Mama, ich bin's«, sagte ich ins Telefon, in der notwendigen Schwerhörigen-Lautstärke, sodass die Leute an den anderen Tischen erschrocken von ihren Tellern hochblickten. Oma hörte mich trotzdem nicht. »Ich bin's! Ihich! JOHANNA! Deine Tochter! Morgen früh um zehn Uhr komme ich und hole dich ab!«

Mama saß schon seit 6 Uhr 30 in Jacke und Schuhen auf dem harten Plastikstuhl neben dem Krankenhausbett und wartete auf mich.

»Aber Mama, du wusstest doch, dass ich erst um zehn komme!«

»Ich dachte, vielleicht kommst du doch früher.«

»Warum hast du dir denn nicht wenigstens was zum Lesen geholt?«

»Na hör mal!«, sagte Mama. »Wieso soll ich anfangen, etwas zu lesen, wenn du jeden Moment kommst und mich abholst!?«

Ich seufzte. Anscheinend hatte sich nicht viel verändert.

Dann stellte sich erst heraus, dass doch einiges passiert war.

Erstens: Die Blasenentzündung war abgeklungen, und Mama war nicht mehr so durcheinander. Sie wusste wieder einigermaßen, wie viele Tabletten sie täglich einnehmen musste: »Also, hör zu: ein Captopril morgens und ein Amlodipin, auch morgens. Und ein KHS. Und dann abends kein KHS und kein Amlodipin. Aber ein Captopril. Und morgens wieder ein Captopril …«

»Ja, Mama, ist gut, ich glaub's dir ja …«

»Nein, hör mir zu: Morgens ein Captopril und auch ein Amlodipin und …«

»Jaaahaaa, Mama. Ich hab's verstanden …«

Zweitens: Die nächtlichen Bauchschmerzen waren weg!

»Nicht ein einziges Mal hatte ich Bauchschmerzen hier!«, sagte Mama stolz, als wäre das ihre Leistung.

»Soso«, sagte ich. »Und wie war das Essen so hier im Krankenhaus?«

»Sehr gut!«, lobte Mama. »Man kann wirklich nicht klagen!«

»Und du hast immer alles schön aufgegessen, auch abends?«

»Natürlich, es stand ja direkt vor meiner Nase!«

»Und niemals Bauchschmerzen?«

»Nicht ein einziges Mal!«, strahlte Mama.

Soso!

Und drittens: »Die Tabletten vom Neurologen muss ich jetzt auch noch schlucken! Wegen der Amnesie«, sagte Mama.

»Mama: Du bist ein bisschen dement. Amnesie ist was anders, das ist …« Aber sie hörte mir gar nicht zu.

Schließlich nahm ich sie fest an der Hand, und wir gingen zum Auto, und mit der anderen Hand zog ich ihren roten Rollkoffer mit den zwanzig Nachthemden hinter uns her, denn sie selbst hätte ihn niemals gezogen – für so etwas fühlte sie sich viel zu jung.

Viel Spaß mit der Caritas!

Wir waren längst schon aus dem Krankenhaus zurückgekehrt in die Wohnung, aber Mama hatte noch nicht einmal die Straßenschuhe abgestreift und saß hyperventilierend im Wohnzimmer auf der äußersten Kante ihres Sofas.

»Bald kommen sie, oder?«, sagte sie. »Oh Gott, oh Gott! Das macht mich fix und fertig!« Dabei nagte sie an ihrer Unterlippe und knetete nervös ihre Hände.

»Ganz ruhig, Mama, sie kommen noch lange nicht. Erst zwischen fünf und acht, also kannst du in aller Ruhe ...«

»RUHE? Wie kann ich RUHIG sein, wenn DIE jetzt kommen?!«

»Mama, sie kommen doch noch gar nicht. Es sind noch mindestens fünf Stunden. Wir haben erst zwölf Uhr«, versuchte ich sie zu beruhigen, aber es gelang mir natürlich nicht.

»Aha! Dann muss ich wohl jetzt den ganzen Tag hier zu Hause warten, bis sie kommen?«, schimpfte sie.

»Nein, das sagt doch kein Mensch. Bis fünf kannst du doch machen, was du willst, einkaufen gehen, in die Stadt fahren ...«

»Ich kann doch nicht in die Stadt fahren, wenn DIE kommen!«

DIE – das war nicht etwa die Polizei, die meine Mutter ins Gefängnis abtransportieren wollte, oder die Männer in Weiß mit der Zwangsjacke. Es war überhaupt niemand Beängstigendes, sondern nur die Altenpfleger vom Pflegedienst der Caritas. Für Mama allerdings war der Pflegedienst ihr neues Captopril. Nur ohne dass ihr Captopril aufhörte, ihr Captopril zu sein. Alles klar? Nein?

Also mit anderen Worten: Mama drehte schon wieder völlig durch. Sie war besessen vom Pflegedienst, ihr gesamtes Dasein drehte sich nur noch darum.

Ab sieben Uhr früh ging der Wahnsinn los: Wenn um diese Zeit bei uns das Telefon läutete, bestand kein Zweifel, wer dran war: »Die Oma schon wieder!«, stöhnten die Kinder.

»Die Theresa ist nicht gekommen!«, gellte meine Mutter dann statt einer Begrüßung durch den Hörer. Theresa war eine der Schwestern vom Pflegedienst.

»Sie kommt schon noch!«, versuchte ich sie zu beruhigen. »Sie hat ja noch locker drei Stunden Zeit!« Vereinbart war, dass die Pflegerinnen morgens zwischen sieben und zehn Uhr antreten sollten.

»Die Theresa kommt aber sonst immer kurz vor sieben!«, sagte Mama und klang vor Aufregung, als hätte sie gerade einen Hundert-Meter-Lauf absolviert. »Ich möchte gern, dass das so bleibt!«

»Das geht aber nicht immer«, erwiderte ich. »Das

bekommt der Pflegedienst nicht hin. Dazu müsstest du schon Privatpfleger bezahlen.«

»WAAAS?«

»Ach nichts, Mama!«, seufzte ich.

Schließlich, gegen zehn (und nach diversen aufgeregten Telefongesprächen), war klar: »Sie ist nicht gekommen!«

»Oh, Mist!«, sagte ich, wirklich erschrocken. »Dann haben die dich wirklich vergessen!« Das kam nämlich tatsächlich – ganz selten – mal vor.

»Unverschämt, oder?« Mama schäumte.

»Ja, das ist echt blöd. Ich rufe gleich an und beschwere mich«, sagte ich. »Einfach nicht zu kommen. Hätte ich von Theresa gar nicht gedacht.«

»Ja, sie ist krank geworden«, erklärte Mama.

»Ach so! Und woher weißt du das?«, fragte ich.

»Von Claudia«, sagte Mama.

»Also war doch eine Schwester da?«

»Ja, die Claudia, um 8 Uhr 30. Aber Theresa ist nicht gekommen!«

Schließlich malte Lisa, meine jüngere Schwester, große Zettel und hängte sie überall in Mamas Wohnung auf: Pflegedienst morgens: 7 Uhr bis 10 Uhr. Pflegedienst abends: 17 Uhr bis 20 Uhr. Mein Sohn sah die Schilder und malte noch ein paar, diesmal bunte, mit Flugzeugen und Tieren darauf. Wir stellten mehrere davon auf, und wir klebten welche mit Tesafilm an die Wände und an den Schrank. Aber es nützte nichts: Jedes Mal, wenn wir zu Besuch kamen, waren die Schilder weggeräumt. Es war auch gar nicht so, dass Mama nicht kapiert hätte, dass es für den Pflegedienst kaum machbar war, täglich zur selben Zeit zu erscheinen. Sie verstand das. Sie war aber dagegen.

»Sag ihnen, sie sollen morgens Punkt sieben und abends punkt fünf da sein. Das ist wichtig!«, forderte sie.

»Mama, ich hab's dir doch schon tausendmal erklärt: Es geht eben nicht. Und es ist auch einerlei!«, erwiderte ich. Der Pflegedienst verabreichte ihr nämlich nur ihre Tabletten. Das war alles. Und es war ganz egal, ob sie die etwas früher oder etwas später am Morgen einnahm.

»Nein, das ist ganz schlecht. Die Tabletten morgens muss ich ganz früh nehmen. Un-be-dingt! Das haben mir schon zwei Ärzte gesagt.«

Solche Dinge behauptete sie immer.

»Soso«, sagte ich. »Welche zwei waren das denn?«

Mama tat, als hätte sie den spöttischen Unterton nicht bemerkt. »Sie sagen, dass ich meine Tabletten ganz zeitig schlucken muss. Mittags muss man dann ja andere Tabletten nehmen, das verträgt sich doch nicht!«

»Ach was! Welche anderen Tabletten musst du denn mittags nehmen?«, fragte ich. Keine, das war uns beiden klar: Mama bekam nur morgens und abends Medikamente.

Ebenso schlimm wie die unregelmäßigen Uhrzeiten fand sie die Tatsache, dass nie dieselben Pfleger und Pflegerinnen an den gleichen Tagen erschienen. Geradezu verzweifelt versuchte sie, ein System zu erkennen, aber da war keines. Die Schichten des Pflegepersonals variierten, und das fand sie schrecklich.

»Die Theresa kommt immer morgens von Dienstag bis Freitag, aber samstags, sonntags und montags kommt mal die Margareta und mal die Claudia. Aber plötzlich kommt die Claudia nicht mehr. Dafür kommt manchmal der Herr Kunz. Aber einmal, da kam er nicht, da kam dann doch die Claudia. Oder eine andere, die heißt Bernadette!« Sie seufzte tief. Es war schrecklich. Auch für uns, die wir das fast täglich zu hören bekamen.

»Mama, das ist wie im Krankenhaus: Da kommen doch auch immer verschiedene Schwestern. Aber dort ist dir das doch total egal!« Aber das war kein Trost, das war offensichtlich: Ma starrte mich nur an, als verstünde sie nicht ein einziges Wort von dem, was ich sagte.

Und dann passierte etwas Schreckliches – zumindest aus der Sicht meiner Mutter: Sie hörte einmal das Läuten nicht. Oder, viel wahrscheinlicher: Sie hatte plötzlich die Fantasie, sie könnte das Läuten nicht hören. Daraus entstand eine reale Panik davor, das Läuten nicht zu hören. Sie stellte sich vor, die Schwestern würden bei anderen Bewohnern im Haus klingeln, um unten ins Treppenhaus gelassen zu werden, und daraufhin wären die Nachbarn gegen Mama aufgebracht, weil sie dauernd gestört würden.

Immer, wenn sie Stimmen im Hausgang hörte, glaubte Mama nun, es ginge um sie. Dabei war es meist nur der Paketbote oder die Kinder aus dem Erdgeschoss. Dass sie wegen der Schwerhörigkeit kaum etwas verstand, machte die Sache eher noch schlimmer. Schließlich stellte Mama am frühen Nachmittag gegen 15 Uhr einen Stuhl in den zugigen Flur. Da saß sie nun und wartete auf den abendlichen Pflegedienst, stundenlang. Innerlich rezitierte sie die Namen der Pflegerinnen, die Uhrzeiten, die Wochentage. Pflegedienst-Verfolgungswahn.

Bis auf die aufgeregten Anrufe bekamen wir zunächst gar nichts von alldem mit. Das klingt angesichts der Heftigkeit von Mamas Pflegedienst-Besessenheit unglaublich. Es lässt sich aber dadurch erklären, dass sie immer versuchte, sich nichts anmerken zu lassen. Sie hatte wohl Angst davor, sich weiteren Ärger einzuhandeln. Zum Beispiel noch mehr Pflegerinnen.

Glücklicherweise hatte weder ich noch sonst jemand von der Familie die Pflegerinnen bestellt. Wir waren alle ganz und gar unschuldig. Die Ironie an der ganzen Sache war: Mama hatte das alles selbst initiiert, als sie im Krankenhaus war. Offenbar hatten die Ärzte sie hypnotisiert oder unter Drogen gesetzt, und sie hatte zu allem Ja und Amen gesagt – anders kann ich mir das nicht erklären.

»Medikamentenkontrolle« nannte sich diese Maßnahme, die auf ärztliche Verordnung von der Krankenkasse bezahlt wurde: Morgens und abends kam die Caritas-Schwester und reichte Mama aus einem vorbereiteten Kästchen, das immer bei ihr auf dem Tisch stand, ihre Medikamente (auch die unaussprechlichen). Damit es keine Probleme mehr wie unlängst gäbe. Sogar Psychopharmaka gegen die Ängste und die Schwermütigkeit bekam Mama nun (die wirkten nur leider noch nicht). Die Besuche dauerten immer nur ein bis zwei Minuten, und wenn man ausgehen wollte, konnte man einfach telefonisch absagen und die Mittel selbstständig schlucken. Keine große Sache. Mama tat allerdings, als wäre es die Hölle.

Eigentlich sollte sie sogar eine richtige Pflege bekommen und eine sogenannte »Pflegestufe« bei der Krankenkasse beantragen. Sie tat sich auch wirklich mit manchen Dingen schwer, zum Beispiel mit dem Waschen, weil sie nicht mehr so leicht über den Badewannenrand steigen konnte. Im Krankenhaus sagte man, sie solle sich eine Vorrichtung einbauen lassen, mit der sie sich im Sitzen duschen könnte, unterstützt von einer Pflegerin, und Mama willigte ein. Ich bestellte beides dann jedoch ganz schnell ab. Es war schon schlimm genug, dass Theresa und Konsorten Mama die Tabletten verabreichten. Dass sie zuließ, dass jemand sie mit einem Waschlappen bearbeitete, konnte sich aber keiner von uns auch nur im Entferntesten vorstellen. Ebenso wenig wie den Einbau einer Alte-Leute-Badevorrichtung, die dem Lebensinhalt Jünger-Aussehen selbstredend so diametral entgegenstand wie nur irgendwas. »Wenn wir das machen, dann wäscht sie sich nie wieder. Dann stürzt sie sich nämlich aus dem Badezimmerfenster«, sagte meine Schwester.

»Nicht, ohne die Pflegerin vorher mit dem Waschlappen zu erwürgen«, sagte ich.

Darum ließen wir das alles erst mal sein.

Mama tat derweilen bei unseren Besuchen, als wäre alles ganz normal. Sie kochte Kaffee, sie knuddelte die Kinder, sie erzählte Geschichten aus ihrer Jugend, sie jammerte über ihren Rücken. Eher zufällig fiel uns auf, dass nicht alles ganz rund lief.

»Na, Mama, wie geht's denn Jule?«, fragte ich eines Tages zum Beispiel. Jule ist ihre Freundin aus Münster und ebenfalls Mitglied im Club Jünger-Aussehen. Wenn die beiden am Telefon nicht gerade Durchhalteparolen wie »Lippenstift statt Treppenlift« oder »Raus mit den Rollatoren« intonierten, dann ging es um Jules böse Schwiegertöchter. Mama genoss diese täglichen Telefongespräche normalerweise sehr.

»Och, weiß nicht«, erwiderte sie nun aber plötzlich. »Ich habe schon länger nicht mehr mit Jule geredet.«

»Ach, sie ist doch nicht krank? Oder hattet ihr Streit?«

»Nö, aber …«, sie senkte die Stimme, »… ich habe ja jetzt keine Zeit mehr zu telefonieren, weil DIE immer kommen.«

»Aber Mama, die Pflegerinnen sind doch immer nur ein paar Minuten da! Da kannst du doch telefonieren, so lange du willst!«

Aber sie wollte nicht.

Dann fanden wir heraus, dass sie gar nicht mehr aus dem Haus ging. Nicht ein einziges Mal war sie nach dem Krankenhausaufenthalt alleine draußen gewesen, um DIE nicht zu verpassen. Weil Lisa und ich wechselseitig für sie einkauften, war uns das zuerst nicht aufgefallen. Sie sah auch nicht mehr fern, sie hörte keine Hörspiele, keine Musik. Alles, um das Klingeln nicht zu überhören. Schließlich wurden ihre Rückenschmerzen wieder schlimmer, wegen dem ständigen Sitzen auf dem harten Holzstuhl im Flur, und so kam alles heraus.

»Die alten Leute brauchen einfach ein bisschen, bis sie sich an den Pflegedienst gewöhnt haben«, sagte die Pflegedienstleiterin am Telefon. Mit »ein bisschen« meinte sie Tage, vielleicht Wochen. Allerdings nicht Monate.

»Wissen Sie – meine Mutter sitzt den halben Tag auf einem harten Stuhl im Gang«, sagte ich. »Nur, um das Läuten des Pflegedienstes nicht zu überhören.« So etwas war der Pflegedienstleitung allerdings noch nie untergekommen.

»Um Himmels willen!«, stöhnte sie auf. »Das ist doch völlig unnötig! Wenn ihre Mutter die Türglocke überhört, dann rufen wir sie eben einfach vom Handy aus an, damit sie auf den Türöffner drückt!«

»Das können SIE ihr ja klarmachen!«, erwiderte ich. Uns war es nämlich nicht gelungen.

Schließlich stellte sich heraus, dass Mama fürchtete, der Pflegedienst könnte einfach ihre Wohnungstür aufbrechen, wenn sie nicht ganz schnell öffnete. Sie verwechselte nämlich ständig die Caritas, bei der wir die Pflege gebucht hatten, mit dem Johanniterbund, bei dem wir einen Notfall-Pieper für sie angefordert hatten.

Zwar ist es so, dass auch die Johanniter keine Türen aufbrechen würden, auch im Notfall nicht, denn wir hatten sie mit einem Wohnungsschlüssel ausgestattet. Aber das hatte Mama irgendwie nicht so richtig kapiert. Außerdem steckten für sie alle unter einer Decke: DIE. Ihre Feinde.

»DIE machen mich ganz krank!«, sagte sie. »Du musst sie wieder abbestellen! Un-be-dingt!«

Aber da biss sie auf Granit. Ich setzte mich zu ihr, schaute ihr tief in die Augen und sagte: »Mama, jetzt müssen wir mal ein ernstes Wort miteinander reden: Wenn du weiter zu Hause wohnen bleiben willst, dann musst du ab jetzt ein bisschen Hilfe akzeptieren. Und wenn du jetzt oder später lieber in eine Einrichtung für ältere Leute willst, dann sollten wir dich bald mal auf ein paar Wartelisten setzen lassen. Oder wie hast du dir eigentlich deine Zukunft vorgestellt?«

»Wie, was?!«, blaffte sie.

»Na, deine Zukunft. Man wird ja nicht jünger. Was hast du so geplant, für die nächsten Jahre?«

Natürlich kannte ich die Antwort längst. Sie lautete: nichts. Was übrigens genau dem entsprach, was meine Schwiegermutter Ömi geplant hatte. Als bestünde zum Planen auch gar kein Grund. Manchmal packte mich deshalb eine Riesenwut, und ich dachte: Wusstet ihr denn nicht, dass ihr mal alt werden würdet? War das nicht in irgendeiner Form zu erahnen oder vorauszusehen? Wie kann es sein, dass ihr so vollkommen davon überrascht worden seid?

Man könnte einwenden, dass niemand dieser Tatsache gern ins Auge blickt, doch so viel Verdrängung, wie sie in unserer Familie stattfindet, ist schon außergewöhnlich. So kaufte sich meine Mutter beispielsweise mit fast sechzig noch ihre Eigentumswohnung im dritten Stock ohne Aufzug. 42 Stufen sind es bis zu ihrer Wohnungstür – das ist wirklich das krasse Gegenteil von barrierefrei. Natürlich könnte sie ausziehen, ihre Wohnung vermieten und beispielsweise eine Erdgeschosswohnung beziehen, aber solange auch nur ein Hauch von Energie in ihr ist, wird sie das rigoros verweigern, so viel ist klar. Es kommt noch die Zeit, da werden wir sie die 42 Stufen hinuntertragen müssen, wenn sie mal frische Luft schnappen will.

Es gibt doch auch Leute, die sich beizeiten freiwillig in Seniorenresidenzen anmelden! Die eine Alten-WG gründen! Die sich erkundigen, was Pfleger kosten! Man könnte auch in ein Appartement im selben Haus der Kinder ziehen, dann müssten die wenigstens nicht ständig durch die halbe Stadt fahren, um den Omas zu helfen. Man könnte sich einfach mal zur Abwechslung ein paar Gedanken über die Zukunft machen. Das wollen sie aber partout nicht.

Ein einfaches Appartement bei uns in der Nähe wäre unseren Omas übrigens viel zu popelig: Derzeit lebt meine Mutter in einer 95 Quadratmeter großen Wohnung – ganz allein. Das ist aber noch gar nichts gegen meine Schwiegermutter: Ömi residiert in einem einstöckigen, über zweihundert Quadratmeter großen Haus mit tausend Quadratmeter Grundstück. Es sei ihr vergönnt. Wenn sie sich wenigstens jemanden für die Gartenarbeit nehmen würde.

Ömi ist eine Frau, die nie klagt oder sich beschwert. Deswegen würde sie auch nie zugeben, dass ihr das Rasenmähen schwerfällt. Also engagiert sie auch niemanden dafür.

Allerdings hat der Arzt ihr das Rasenmähen verboten, wegen dem Herzen, und damit sie es nicht trotzdem tut und dabei tot umfällt, fährt ihr Sohn – mein Mann – regelmäßig zu ihr zum Rasenmähen. Oder, je nachdem: zum Schneeschippen, Laubrechen, die Dachrinne frei machen, die Fensterrahmen abschleifen, den Zaun streichen, das Moos von den Steinplatten auf der Terrasse kratzen, Unkraut jäten, Bäume zurückschneiden. Samstags ist er eigentlich immer von morgens bis abends dort beschäftigt. Wenigstens im Haus nimmt Ömi professionelle Hilfe in Anspruch: Manchmal kommt eine Putzfrau.

Mama wollte nicht einmal das, obwohl ich ihr immer wieder anbot, ihr meine eigene Putzfrau vorbeizuschicken und auch noch zu bezahlen. Aber nein! Bloß keine »fremden Menschen« ins Haus lassen, wie Mama es immer nannte. Nun kamen täglich fremde Menschen ins Haus, es war ein ständiges Kommen und Gehen. Klar, dass sie das nicht besonders toll fand.

Erst wenn der Pflegedienst abends gegangen war, begann Mamas richtiges Leben: Da schaltete sie endlich den Fernseher an. Doch weil sie für den Pflegedienst immer schon um fünf Uhr morgens aufstand und sich zurechtmachte (vielleicht in der Annahme, irgendeine der Schwestern könnte aus Versehen mitten in der Nacht erscheinen), schlief sie umgehend auf dem Sofa ein. Es war jämmerlich.

Und das alles nur wegen täglich insgesamt vier Minuten Pflegedienst! Welchen sie natürlich überhaupt nicht nötig hatte, das glaubte Mama felsenfest. Dass sie verwirrt ins Krankenhaus gekommen war und vergessen hatte, wie viele Tabletten sie täglich schlucken musste, hatte sie verdrängt. Ebenso, dass sie dehydriert gewesen war.

»Das kann unmöglich sein!«, behauptete Mama mit einer Bestimmtheit, die keinen Widerspruch duldete. »Ich trinke immer vier Liter Wasser täglich. Immer! Allein schon wegen der Haut!«

Was blieb mir da noch zu sagen? Nichts. Doch den Pflegedienst bestellte ich trotzdem nicht ab, sicher ist sicher.

Mit der Zeit stellte sich dann heraus, dass Mama gar nicht so vergesslich war, wie sie tat: Es war ihr schon klar, dass sie manchmal das Trinken vergaß. Jetzt achtete sie immerhin darauf, dass das nicht mehr vorkam. In der Küche lag ein kleiner Zettel, darauf hatte sie eine Strichliste angelegt. Für jedes Glas Wasser ein Strich. Mit diesem Zettel fuchtelte sie dann immer vor mir herum, wenn ich vorbeischaute: »Da, guck mal, vier Gläser heute schon. Da! Und das ist der Zettel von gestern. Ich trinke immer ausgesprochen viel Wasser, denn das ist das beste Schönheitsmittel. Hier kannst du es ganz genau sehen!«

Nicht wirklich: Auf dem Zettel war kaum etwas zu erkennen, denn es handelte sich dabei nur um ein winziges Blättchen, und die Strichliste darauf war mit hauchdünnem Bleistift winzig winzig hingekrakelt. Überall in der Wohnung fanden sich solche

Mini-Zettel. Außerdem gab es dazu noch ihren kleinen Kalender, in dem sie sich ihre Notizen machte. »Klein« traf es genau: Ungefähr vier mal fünf Zentimeter maß das Büchlein. Ich wunderte mich immer wieder, aus welchem Zwergen-Schreibwarenladen sie alljährlich diese Mikro-Kladden bezog. Wobei noch nicht einmal jeder Wochentag eine eigene Seite besaß, sondern sich drei Wochentage eine Seite teilen mussten. Da malte sie dann mit hauchfeinem Bleistift hinein: »Nur noch 178 Captopril! Dringend neues Rezept anfordern!!!«. Oder: »Theresa heute drei Minuten zu spät!«. Und solche Sachen.

Selbstredend brachte ich gleich einen Riesenkalender herbei: unübersehbar feuerrot gebunden, DIN A4, jeder Tag eine Doppelseite. Ich kaufte gut sichtbare Filzschreiber und bunte Marker, und meine Schwester schaffte zusätzlich einen übersichtlichen Wochenplaner an, damit Mama die ganze Woche gut im Blick hatte und nicht durcheinanderkam, und einen großen Spiralblock kaufte sie auch noch. Mein Sohn freute sich dann am Jahresende sehr über die Mengen an völlig unberührtem Malpapier, denn leider rührte Mama die übersichtlichen Kalender nicht ein einziges Mal an, sondern vergrub sie lediglich unter Hunderten mikroskopischen, eselsohrenverzierten Zettelchen und Blättchen mit kaum entzifferbaren hauchdünnen Bleistifthieroglyphen darauf, in denen sie unablässig kramte und blätterte, sodass es ständig leise rauschte wie in einem Laubwald der Vergesslichkeit. Manchen Leuten ist eben nicht zu helfen!

Vor dem Krankenhausaufenthalt hatte Mama sich nicht nur selbstständig darum gekümmert, ihre Medikamente einzunehmen, sondern auch darum, die Rezepte dafür beim Arzt zu besorgen. Das lief schon seit einigen Jahren nicht mehr besonders gut: Der Gedanke daran, dass es mal wieder Zeit für ein Päckchen Amlodipin oder Captopril oder was auch immer war, beanspruchte sie immer so, dass sie sonst gar nichts mehr erledigen konnte. Einmal zum Beispiel ging sie trotz fürchterlicher Zahnschmerzen nicht zum Zahnarzt, weil sie ja schon wegen der Rezepte zur Tremel gehen musste. Dabei lag die Praxis des Zahnarztes gar nicht weit entfernt von der Hausarztpraxis, sie hätte also beides an nur einem Nachmittag erledigen können. Doch solche Multitasking-Aufgaben überforderten sie total.

Erst Arztbesuch. Am nächsten Tag Apotheke. Dann wieder Apotheke, um das bestellte Medikament abzuholen. Dann mindestens einen Tag durchatmen und sich erholen. Und dann erst mal beim Zahnarzt anrufen und einen Termin vereinbaren. So lief das. Schließlich war die Backe bereits ganz dick.

Auch die Darreichungsformen der Medikamente machten meiner Mutter Probleme: Weil Ärzte und Apotheker heute dazu angehalten werden, stets das Produkt des gerade günstigsten Anbieters an die Patienten abzugeben, bekam Mama ihre Mittel jedes Mal von anderen Herstellern. Das machte sie geradezu fuchsteufelswild, denn sie wollte ihre Medikamente viel lieber in immer den gleichen Verpackungen von denselben Firmen. Warum? Einfach so, weil sie es eben wollte. Darum diskutierte sie stundenlang mit den Apothekern und behauptete, sie sei gegen die Produkte aller anderen Hersteller allergisch und bestehe auf die Ur-Darreichungsform, die sie früher immer bezogen habe. Schließlich hatte sie sich mit den Angestellten in allen Apotheken ihrer Nachbarschaft überworfen und musste für jedes Rezept extra mit der U-Bahn in die Innenstadt fahren, wo sie sich weiter herumzankte.

Natürlich war sie gar nicht allergisch. Aber das zählte für sie nicht.

»Du verstehst das nicht!«, brauste sie auf: »BISHER war ich nicht allergisch. Aber woher soll ich wissen, dass ich auf die Produkte dieser neuen Firma nicht allergisch bin? Ich habe sie doch noch nie ausprobiert!«

»Aber es ist doch immer genau der gleiche Wirkstoff!«, wagte ich einmal auszurufen, bevor ich von ihrem allerbösesten Blick getroffen wurde. Logik und gesunder Menschenverstand zählten in Mamas Universum nämlich leider nicht.

Den Tabletten, die Theresa und die anderen ihr aus dem vorbereiteten Medikamentendöschen gaben, sah man den Hersteller nicht an, das war ein Vorteil am Pflegedienst, fand ich. Mama schluckte sie einfach, und es kam zu keiner einzigen allergischen Reaktion. BISHER zumindest. Und wenn ein Präparat so langsam zur Neige ging, hinterließ Theresa, die für die Wocheneinteilung zuständig war, mir rechtzeitig einen handgeschriebenen Zettel in dem großen roten Ordner, der jetzt immer auf einem Bord im Wohnzimmer meiner Mutter lag.

Kaum war die Pflegerin zur Tür hinaus, hatte ich Mama dann immer schon an der Strippe: »Du musst heute noch zu der Tremel, die Medizin geht aus!!!«

»Wie viele Tabletten sind denn noch da?«, fragte ich dann, und meistens waren es noch genug für die nächsten zwei Wochen. Trotzdem besorgte ich die Mittel schon weit im Voraus, damit Mama nicht täglich anrief und nachfragte, ob ich endlich bei der Tremel gewesen sei.

Einmal gab ich versehentlich zu, dass ich gar nicht vorhatte, höchstpersönlich bei der Hausärztin vorbeizuschauen, sondern dass ich die Rezepte immer per Internet anforderte und sie auf dem Postweg erhielt. Schwerer Fehler! Heftiges Hyperventilieren!

»Aber, aber, aber – es wäre mir doch lieber, wenn du persönlich zu der Tremel gehst, nicht dass was schiefläuft und ich ohne Tabletten dastehe!«

»Keine Sorge, so machen die Tremel und ich das jetzt schon ganz lange, es wird nicht schiefgehen!«

»Aber, aber, aber – trotzdem wäre es mir lieber! Nicht dass was schiefgeht!!!«

»Es wird nichts schiefgehen!«, sagte ich.

»Aber, aber, aber …«

Und so weiter und so fort.

Eines Tages rief ich vormittags bei meiner Mutter an, um zu fragen, wie es so geht, da waren laute, aufgeregte Stimmen im Hintergrund zu vernehmen, und sie sagte:

»Ich rufe dich in einer halben Stunde zurück, gerade sehe ich so eine interessante Diskussion im Fernsehen!«

Da fiel mir ein Riesenstein vom Herzen, denn auf diese Weise erfuhr ich, dass Mama ihr ganz normales Leben wieder aufgenommen hatte und sich traute, einfach den Fernseher einzuschalten.

Ein anderes Mal war sie noch ungeschminkt in Nachthemd und Bademantel, als ich ihr gegen acht Uhr früh etwas vorbeibrachte. »Ich kann mich ja schließlich nicht täglich zu nachtschlafender Zeit schon zurechtmachen, nur weil DIE kommen«, sagte sie mit Trotz in der Stimme.

»Hat doch auch niemals jemand verlangt«, sagte ich, aber sie hörte gar nicht zu.

Jedenfalls tauchte auch endlich wieder Jule in Mamas Leben auf: »Stell dir vor, Jules Schwiegertochter – die von dem jüngeren Sohn, der in London lebt –, die hat sich eine Handtasche für tausend Euro gekauft. Tausend Euro! Verrückt, oder?«, erzählte Mama kopfschüttelnd.

»Das freut mich!«, sagte ich, aber ich meinte natürlich etwas ganz anderes: Ich freute mich, dass Mama wieder mit Jule stundenlang am Telefon plauderte.

Man möchte meinen, dass meine Mutter die Pflegerinnen, diese Eindringlinge in ihren altgewohnten Alltag, regelrecht hasst. Lange Zeit dachte ich das. Dann stellte sich heraus, dass sie prima mit den Damen auskommt. Ich weiß, das klingt paradox und völlig widersprüchlich zu ihrem Verhalten, aber es ist genau so: Mama will die Pflegerinnen loswerden und leidet total unter der Pflege. GLEICHZEITIG mag sie sie richtig gern und freut sich immer auf sie. Am besten versteht sie sich mit Theresa und vermisst sie, wenn sie keinen Dienst hat.

Theresa ist eine quirlige und sehr joviale Person und hat immer Scherze auf den Lippen. Sie ist sozusagen der Witzbold der Caritas. »Stell dir vor, Theresa sagt Bleifisch zum Bleistift. Bleifisch! Hihi!«, kicherte meine Mutter beispielsweise eines Tages. Mama sagt nun auch Bleifisch. Sie sagt plötzlich auch »Tschüssikowski« und bezeichnet Dinge, die sie lächerlich findet, als »Kinderfasching«. Das kommt alles von Theresa. Mit Theresa hat Mama viel Spaß.

Trotzdem ruft sie andauernd an, um sich bei mir über den Pflegedienst zu beschweren. Und zwar grundsätzlich zu nachtschlafender Zeit. Das gehört mittlerweile zu meinem Alltag wie Kaffeetrinken oder Frühstücken.

»Die Oma!«, rufen die Kinder, wenn es vor acht läutet – und zwar bevor irgendwer den Hörer abgenommen hat. »Theresa war schon wieder nicht da!«

Oma und Ömi – im Doppelpack noch fröhlicher!

Keiner von uns wird jemals das vergangene Weihnachtsfest vergessen, besonders unsere Omas nicht: Sie haben sich mal wieder großartig verstanden. Nach Gänsebraten und Kaffee legten sie die Beine hoch und steckten die Köpfe zusammen. Das war auch nötig, sie hatten nämlich beide kein Hörgerät.

Ömi begann. Es ging um ihr Lieblingsthema, die Reichen und Adeligen in ihrem Bekanntenkreis, denn Ömi hat ihre Jugend in einem Elite-Internat verbracht und daher ziemlich viele davon kennengelernt. Das klang so:

»Meine alte Schulfreundin Sophie, von der ich dir schon erzählt habe, kam vor Kurzem vorbei. Der Lodenmantel, den sie trug, den besitzt sie schon seit dreißig Jahren, das weiß ich gewiss. So bescheiden! Dabei sind die Familiengüter Hunderte von Millionen wert!«

Mama nickte verständnisinnig. Dann begann sie, von etwas vollkommen anderem zu sprechen: »Vor zwei Jahren auf der Weihnachtsfeier der Pfarrgemeinde sind alle Nachbarinnen im Anschluss ins Pfarrhaus zum Kaffee gegangen – nur mich haben sie vergessen. Unerhört, oder?« Mama schwadroniert gern darüber, wie miserabel sie von aller Welt behandelt wird und wie schlecht es ihr im Allgemeinen geht – das ist wiederum ihr Lieblingsthema. »Dieses Jahr bin ich gleich zu Haus geblieben«, fuhr sie fort. »Ich hatte sowieso derartige Schmerzen im Bein!«

Die beiden lächelten sich liebevoll zu. Dann ergriff wieder Ömi das Wort: »Trotz des ganzen Geldes lebt Sophie, als müsse sie jeden Pfennig dreimal umdrehen. Fleisch essen sie im Schloss nur zweimal wöchentlich, wegen der Kosten. Hülsenfrüchte sind auch gesund, sagt Sophie – und haben viel Eisen!«

Mama nickte inbrünstig: »Eisig kalt! Und ganz taub in den Zehen. Das ist immer noch so. Nach kurzer Zeit verlässt mich außerdem immer die Kraft im Bein. Aber zum Orthopäden gehe ich nicht mehr. Ich habe das Gefühl, nach jedem Arztbesuch geht es mir noch schlechter!«

»An sich wäre die richtige Ansprache *Durchlaucht*«, antwortete Ömi. »Aber ich sage Sophie zu ihr, wir kennen uns ja schon seit der Schule. Da kam sie manchmal mit der Kutsche vorgefahren, sie haben ja Stallungen. Das ist das schönste Anwesen weit und breit, sagt Karl-Theodor immer. Ich habe dir doch von Karl-Theodor erzählt, dem die Fabriken in Ungarn gehören, oder nicht?«

»Und ob: Ich habe wirklich immer besonderes Pech mit den Ärzten gehabt!«, nickte Mama. »Sogar mit denen aus der Familie. Mein Onkel Hans, der Chirurg, hat mich ja als Kind fast zu spät am Blinddarm operiert. Bei meiner Schwester Constanze wäre ihm das nie passiert, die war sein Liebling! Sie hat sogar ein Zwei-Zimmer-Appartement von ihm geerbt, er und die Tante hatten ja keine leiblichen Kinder. Die hatten immer nur zwei hässliche kleine Dackel.«

»Nein, nein, der Theodor hat keinen Dünkel«, erwiderte Ömi. »Ein ganz schlichter, naturverbundener Mensch ist das. Hat auch keinen Bodyguard. Dabei wollten sie ihn schon mal entführen. Unglaublich, oder?«

»Ja, nicht wahr? Unglaublich! Ich bin einfach leer ausgegangen!«, sagte meine Mutter, und mein Mann lief in die Küche, wo wir ihn losprusten hörten.

»Wie schön, mit dir zu sprechen!«, sagte Ömi zur Oma und strahlte.

»Ja, ganz wunderbar!«, sagte Oma, ebenfalls glücklich, dass ihr mal jemand so aufmerksam zuhörte. Es war ein wirklich gelungenes Fest!

Es ist nicht so, dass Oma und Ömi immer aneinander vorbeireden, sie können auch anders. Allerdings nur am Telefon. Zum einen, weil sie wesentlich besser hören, wenn sie sich den Telefonhörer fest ans Ohr pressen. Und zweitens, weil wir dann nicht dabei sind und sie mal richtig Tacheles reden können. Extrem konspirative Gespräche werden dann geführt, sehr geheim. Danach erzählt Mama mir immer alles brühwarm.

»Die Elsbeth (so lautet Ömis Vorname) ist genervt, weil ihr ihr immer vorschreiben wollt, wie viel sie essen soll«, berichtet sie beispielsweise. Ömi Elsbeth hat nämlich im letzten Jahr rund fünfzehn Kilo abgenommen, deswegen kontrolliert mein Mann ein wenig, wie viel (oder wenig) sie zu sich nimmt.

»Sie sagt immer, sie hatte einen ganzen Teller Nudeln zu Mittag, aber in Wahrheit hat sie das Mittagessen einfach ausfallen lassen«, verrät Mama. »Und die neuen Eisentabletten nimmt sie auch nicht.«

»Warum denn nicht?«, wundere ich mich.

»Elsbeth sagt, so viele Tabletten müssen nicht sein. Und ich kann sie ja so gut verstehen!«

Oma kann immer alles nachvollziehen, was Ömi tut oder lässt – ganz egal, was das ist.

Insgeheim wundere ich mich immer ein wenig, dass die beiden Großmütter sich so mögen, denn sie sind sich gar nicht ähnlich. Ömi zum Beispiel würde niemals dem Club Jünger-Aussehen beitreten. Sie verschwendet nicht die geringste Energie in Maßnahmen, die sie jünger als 85 wirken lassen – so alt, wie sie tatsächlich ist. Sie benutzt keinen Lippenstift und färbt nicht mal ihr Haar. Sie trägt flache, bequeme Schuhe und kleidet sich keineswegs wie eine Dreißig- oder Vierzigjährige, sondern eher konservativ in Hosen aus Wolle, Hemdenblusen und Strick-Cardigans. Sie hat auch so genug Verehrer. Jedenfalls behauptet sie das immer.

Die beiden Damen unterscheiden sich nicht nur in puncto Aussehen, sondern auch von ihrer Lebenseinstellung her: Ömi jammert nie, und zwar grundsätzlich nicht. Leute, die sich über irgendetwas beklagen, sind ihr ein Graus. Der einzige Mensch, dem

Ömi Leidensgeschichten nachsieht, ist meine Mutter: »Die Ärmste«, sagt Ömi über sie. »Sie leidet so!« Und es klingt immer ein wenig erstaunt, als könnte Ömi so etwas gar nicht fassen.

Wenn man Ömi fragt, ob sie Schmerzen hat, dann sagt sie grundsätzlich nur: »Man hält es aus.« Das klingt, als wäre Ömi absolut unkompliziert. Menschen, die nie jammern, sind für ihre Mitmenschen allerdings mindestens so schwer zu ertragen wie solche, die andauernd jammern, das kann ich versichern. Sie macht uns damit manchmal wirklich rasend!

Zum Beispiel Ömi nach einer komplizierten Zahn-OP:

»War's schlimm, Elsbeth, hattest du Schmerzen?«, frage ich mitfühlend.

»Ach«, macht sie dann kurz – so ein ganz typisches, wegwerfendes Ömi-Ach. »Nein, nein!« Dann lächelt sie ihr typisches »Man-beklagt-sich-nicht«-Lächeln, das jeden anderen Zahnschmerzpatienten ins Land der Hypochondrie verweist. Die Botschaft dabei ist: Man nimmt sich und die eigenen Befindlichkeiten nicht so ernst. Bescheidenheit bis zum Exzess.

»Aber als sie am Kieferknochen gesägt haben, das muss doch grässlich gewesen sein«, sage ich, Ömi aber macht nur wieder ihr kurzes »Ach« und »Nein, nein«.

»Aber spätestens als die Betäubung nachließ – da hattest du doch bestimmt höllische Schmerzen!«, setze ich nach. Aber es ist nichts zu wollen, Ömi zuckt nur ein wenig mit den Schultern und fegt jeden Gedanken daran, sie sei ein Mensch aus

Fleisch und Blut, weg. Umgekehrt darf man sich natürlich auch kein Mitleid erhoffen, wenn man selbst Schmerzen hat. Ömi ist zwar zu gut erzogen, um das auszusprechen, was sie sich denkt (nämlich: »Hab dich doch nicht so, das gehört sich nicht!«). Sie legt stattdessen den Kopf schief und sagt höflich: »Ojeeeeh.« Doch der spöttische Blick, mit dem sie dies garniert, spricht Bände.

Überhaupt ist Ömi extrem wichtig, was sich gehört und was nicht. Zum Beispiel aufs Händeschütteln legt sie ganz besonders Wert, auch bei den Enkelkindern. Meine Mutter hingegen findet, Händeschütteln sei eine Unart, bei der man sich nur unnötigerweise lebensgefährlichen Krankheitserregern aussetzt. Sie hatte es meinen Kindern eine Zeit lang sogar kategorisch verboten, damit sie gesund bleiben.

Da war Ömi aber total entsetzt, denn sie ist der Meinung, dass Kinder, die nicht exzellente Manieren vorweisen, »später im Leben« (so nennt sie es) allerhöchstens eine Chance auf einen Job als Aushilfs-Straßenkehrer haben. Zum Glück fand sie nie heraus, warum die Kinder plötzlich nicht mehr per Handschlag grüßten – und keiner von uns setzte sie jemals ins Bild.

Beide Damen sind zu alt, um an der 68er-Bewegung teilgenommen zu haben. Damals waren sie keine Studentinnen mehr, sondern standen schon im Berufsleben und waren auch bereits Mütter. An meiner Mutter aber ist die Studentenrevolution nicht so völlig vorbeigegangen wie an Ömi. Deswegen findet Mama die Manieren-Diskussion total überholt. Wenn Ömi davon anfängt, dann lacht sie glockenhell auf und glaubt, Ömi mache Witze. Allen Ernstes. Ja, manchmal ist es schon ganz gut, dass die beiden schlecht hören, denn dadurch bleibt ihnen viel Interpretationsraum.

Sie haben auch Gemeinsamkeiten: Beide sind schon lange alleinstehend. Beide sind für ihre Generation recht emanzipiert und standen ihr Leben lang im Berufsleben (meine Mutter als technische Zeichnerin, Ömi als Personalchefin). Und beide sind gleichzeitig echte Familientiere. Viele Jahre waren sie für uns da und haben uns mit den Kindern geholfen, auch meiner Schwägerin mit ihrem Sohn. Sie waren nicht immer so verdreht und anstrengend, wie sie heute sind. Deswegen ist es absolut okay, dass jetzt eben wir an der Reihe sind, uns etwas mehr um sie zu kümmern. Wenn sie es uns nur ein bisschen leichter machen würden …

Manchmal, wenn sie zusammen sind, sehen sie uns an wie Pubertierende ihren Schuldirektor. Aufmüpfig, trotzig, total gelangweilt, wie Teenies. Völlig unterschiedliche Teenies zwar, aber eben doch gleichaltrig und deshalb irgendwie auf einer Wellenlänge, zumindest was ihre Protesthaltung angeht. Hauptsache gegen uns. Die Zeit, in der Kinder gegen ihre Eltern rebellieren, ist wahrscheinlich gar nicht so viel länger als die Zeit, in der es dann andersherum läuft.

Weil Protesthaltung gar keinen Spaß macht, wenn keiner was davon mitbekommt, lassen sie es uns aber genau wissen, wenn sie sich auflehnen. Daher die wechselseitigen Infos über Mahlzeiten, die ausgelassen, und Tabletten, die verweigert werden. So wie unlängst das Eisenpräparat.

Manchmal habe ich das Gefühl, Ömi hat sogar diebischen Spaß daran, sich selbst zu schaden, nur um uns zu ärgern. Denn während sie Tabletten, die sie nehmen sollte, ablehnt, schluckt sie besonders gern solche, die sie eigentlich längst nicht mehr nehmen sollte, weil ihr Haltbarkeitsdatum schon vor ein paar Jahren abgelaufen ist. Und dann muss sie sich zwei Tage lang übergeben.

»Ich hätte vielleicht doch nicht das Grippemittel nehmen sollen, das 2005 abgelaufen war«, sagt sie dann mit spitzbübischem Blick, als wäre ihr ein besonders lustiger Streich gelungen.

»Ja, tatsächlich!«, sagt dann mein Mann wütend. »Hast du nie darüber nachgedacht, dass die Haltbarkeitsdaten aus gutem Grund auf der Packung aufgedruckt sind?«

»Ach, nein nein«, sagt Ömi ganz bescheiden, als gehöre es sich nicht, Kinkerlitzchen wie eine Vergiftung ernst zu nehmen, und man bekommt Lust, sie zu würgen.

Einmal, vergangenen Sommer, hat sie es dann wirklich geschafft, sich selbst fast umzubringen. Es war sehr warm, aber Ömi hatte außer der obligatorischen Tasse Kaffee am Morgen schon seit ein paar

Tagen nichts getrunken – weiß der Himmel, warum. Außerdem hatte sie, aus ebenso unerfindlichen Gründen, nichts gegessen. Dann war sie vor vier Uhr morgens aufgestanden.

Ömi war immer schon eine Frühaufsteherin, im Alter aber hatte sich diese Tendenz noch verstärkt. Senile Bettflucht, möchte man sagen – viele alte Menschen können einfach nachts nicht schlafen und geistern permanent durchs Haus. Bei Ömi liegt die Sache aber ganz anders: Sie könnte wohl schlafen. Sie stellt sich aber den Wecker, und zwar auf 3 Uhr 30. Dann zwingt sie sich, aufzustehen. Denn morgens ist es so schön ruhig, sagt Ömi.

Nun muss man dazusagen, dass es dort, wo Ömi wohnt, zu jeder Tageszeit ausgesprochen ruhig ist. Sie wohnt nämlich ganz am Ende einer Sackgasse, mit Blick auf eine einsame Wiese. Ich weiß nicht, welches der Lärm sein könnte, der sie tagsüber dort so stört und ihr die herrliche Ruhe des ganz frühen Morgens verleidet. Der rare Balzruf des Kranichs im Schilf? Das sporadische Glucksen der eigenen Kaffeemaschine? Jedenfalls braucht Ömi für ihren Seelenfrieden unbedingt die Ruhe des ganz frühen Morgens (der eigentlich eher eine fortgeschrittene Nacht ist). Gemütlich ausschlafen gehört sich offenbar gar nicht. Gegen drei Uhr nachmittags fallen ihr dann immer schon fast die Augen zu, und sie redet so wirr wie meine Mutter an schlechten Tagen. Dabei ist Ömi gar nicht dement, sondern nur die meiste Zeit übermüdet.

An besagtem Tag jedenfalls stand sie noch ein wenig früher auf als sonst, denn sie hatte einen Arzttermin um zehn Uhr. Deswegen stellte sie den Wecker statt auf 3 Uhr 30 auf Punkt drei. Als Erstes stieg sie dann in die heiße Wanne.

Was dann passierte, hatte wahrscheinlich überhaupt nichts mit ihrem fortgeschrittenen Alter zu tun: Selbst ein junger Mensch mit stabilem Kreislauf und allerbester Konstitution wäre unter diesen Voraussetzungen gestürzt. Und wer weiß, ob er's überlebt hätte.

Ömi schon, das spricht für ihre Zähigkeit. Sie fiel die komplette Steintreppe (insgesamt 17 Stufen) filmreif vom ersten Stock bis ganz nach unten ins Erdgeschoss. Dort lag sie dann ohnmächtig und alles war voller Blut. Aber als sie erwachte, wollte sie selbstredend natürlich keine Hilfe holen und auch sonst niemanden informieren, und es war nur ein reiner Zufall, dass sie gefunden und ins Krankenhaus gebracht wurde.

Wie durch ein Wunder hatte sie sich nichts gebrochen, sondern sich nur starke Prellungen zugezogen. Sie konnte vorübergehend kaum noch laufen und ebenso schlecht stehen. Sie verbrachte eine Woche im Krankenhaus, dann wurde sie entlassen. Mein Mann kaufte einen Rollator fürs Haus und bestellte Essen auf Rädern, denn Ömi passte mit dem Rollator gar nicht mehr in ihre schmale Küche und konnte folglich nicht kochen.

Nach zwei Tagen bestellte sie das Essen auf Rädern wieder ab, Begründung: »Das kann man nicht essen.« Sie hatte allerdings nicht ein einziges Mal gekostet.

»WARUM DENN NICHT?!«, fragte mein Mann, der kurz vor dem Explodieren stand. Er musste bei seiner kranken Mutter wohnen und war deshalb völlig übermüdet, denn Ömi wohnt etwa vierzig Kilometer von seiner Arbeitsstelle entfernt, so dass er bei ihr fast so früh aufstehen muss wie der balzende Kranich nebenan im Schilf.

Ömi meinte, sie müsse das Essen nicht probieren, denn sie kenne es schon aus der Zeit, als ihre eigene Mutter noch am Leben war. »Das schmeckt einfach grauenhaft!«

»Aber seither sind dreißig Jahre vergangen! Vielleicht hat sich das verbessert! Probier es doch wenigstens ein einziges Mal!«, flehte mein Mann, aber nichts zu machen: Ömi sperrte sich dagegen wie ein Kleinkind, das den Mund vor dem ungeliebten Löffel Spinat zukneift – und zwar nicht nur im metaphorischen Sinne, sondern ganz real.

Als Nächstes engagierte mein Mann Ingeborg, eine alte Bekannte aus der Nachbarschaft: Sie hatte die Aufgabe, jeden Mittag mit selbstgekochtem Essen bei Ömi vorbeizukommen, die Mahlzeit dort in der Küche aufzuwärmen und Ömi dann beim Essen Gesellschaft zu leisten. Ingeborg koche prima, schwärmte Ömi, und alles schien gut.

Erst als mein Mann Ingeborg eine Woche später wie vereinbart bezahlen wollte und diese ihm nur vier Tage berechnete, stellte sich heraus, dass Ömi sie nach dem vierten Tag abbestellt hatte – und zwar mit der Behauptung, ihr Sohn habe Urlaub genommen und könne sich jetzt selbst um seine Mutter kümmern.

»Das weiß ich schon lange«, verriet uns meine Mutter.

»Ach was! Und warum hast du uns nichts davon gesagt?«, fragte mein Mann erbost, aber damit kam er bei seiner Schwiegermutter nicht weiter. Sie setzte nur ein sphinxhaftes Lächeln auf und seufzte: »Fremde Menschen im Haus, wie schrecklich! Ich kann die Elsbeth ja so gut verstehen! Sie sagt, die Köchin geht ihr mit ihrem Geplapper so auf die Nerven, dass sie lieber gar nichts zu sich nimmt!«

Schließlich traf mein Mann eine Vereinbarung mit Doris, Ömis Schwägerin. Doris ist gute fünfzehn Jahre jünger als Ömi und eine ziemlich resolute Person. Außerdem war sie gut gebrieft und ließ sich deshalb nicht fortschicken, obwohl Ömi es nach Doris' Angaben so in etwa jeden zweiten Tag versuchte. Mal behauptete sie, sie sei wieder ganz fit und habe sich selbst in die Küche gestellt und Käsespätzle gemacht. Dann wieder sagte sie, sie habe einen Darmvirus und könne nichts essen, deswegen erübrige sich Doris' Besuch. Und schließlich gab sie vor, sie müsse ins Krankenhaus und sei deswegen gar nicht zu Hause.

Doris telefonierte aber jedes Mal mit meinem Mann und fuhr dann trotzdem zu Ömi, wo beide dann taten, als hätten Ömis Schwindeleien gar nicht stattgefunden, und sich grimmig anlächelten. Seither hasst Ömi Doris. Aber sie hat sie auch vorher nie besonders gemocht.

Das liegt daran, dass Doris nie die Hemden ihre Mannes – Ömis Bruder Bernhardt – bügelt. Es besteht zwar auch keine Notwendigkeit dazu, denn das Bügeln übernimmt bei ihnen eine Zugehfrau. Dennoch nimmt Ömi es Doris übel. Dummerweise kam irgendwann einmal zur Sprache, dass ich die Hemden meines Mannes – Ömis Sohn – ebenfalls niemals bügle und noch nicht mal in die Reinigung trage, denn er tut dies selbst. Ömi sagte nichts dazu, doch das Lächeln in ihrem Gesicht gefror, als sie das hörte. Seither nennt sie mich versehentlich manchmal Doris. Deshalb weiß ich, woran ich bei Ömi bin.

Als Ömis Mann noch lebte, bügelte sie seine Hemden übrigens auch nie, sondern das erledigte eine Haushälterin. Aber für Ömi gelten grundsätzlich nicht dieselben Regeln wie für andere.

Noch vor ein paar Jahren beispielsweise konnte Ömi sich sehr echauffieren, wenn Leute sich mit über achtzig noch ans Steuer setzten. »Ich als Volljuristin würde das rigoros verbieten lassen!«, so sagte sie immer. Als Ömi dann selbst achtzig war, traf es sich, dass ihr alter Audi einen Motorschaden hatte und auch sonst keinerlei Hoffung auf eine neue TÜV-Plakette bestand.

Ömi allerdings nahm das keineswegs als Zeichen, mit dem Fahren aufzuhören, sondern kaufte sich einfach einen neuen Audi – einen »neuen« gebrauchten, weil sie mit der modernen Technik wie Fensterheber und Zentralverriegelung nicht klarkam. Ein Mechaniker musste ihr außerdem eine spezielle Metall-Konstruktion unter den Sitz schweißen, weil sie sonst nicht mehr richtig aus dem Fenster sehen konnte – sie war schon etwas geschrumpft.

Eines Tages rief sie in heller Aufregung an: Auf der Zubringerstraße in den nächsten Vorort war ein Kreisverkehr entstanden, und nun traute sie sich nicht mehr, zum Supermarkt zu fahren. Wir mussten kommen und mit ihr einen Nachmittag lang Kreisverkehr fahren üben.

Leider kenne ich viele alte Menschen, die Auto fahren, obwohl sie es nicht sollten: Mein Onkel beispielsweise erkrankte vor ein paar Jahren an einer Infektion, in deren Folge sich seine Sehfähigkeit extrem verschlechterte: Er braucht eine fast zentimeterdicke Lupe, um die Zeitung zu lesen. Trotzdem fährt er ab und an mit dem Wagen. Auch mein inzwischen verstorbener Vater konnte das Autofahren nicht sein lassen. Nach einem kleinen Schlaganfall war er linksseitig blind, und zwar auf beiden Augen: Er konnte absolut nichts von dem wahrnehmen, was links von ihm passierte, ließ sich dadurch dennoch gute zehn Jahre lang nicht vom Fahren abhalten. Er fuhr sogar ab und an in die Berge zum Wandern.

Einer seiner letzten Gedanken vor seinem Tod galt übrigens seinem Benz: Er wollte wissen, ob der Wagen wie üblich fahrbereit vor der Tür stand.

Sobald es ging und Ömi keine Schmerzen mehr hatte, tauschte sie den Rollator wieder gegen den Audi. Sie sei noch zu schwach, um zu Fuß zu gehen, sagte sie.

»Hoffentlich ist sie nicht noch zu schwach zum Schalten«, wandte ich ein. »Ich habe außerdem Angst, sie könnte zu schwach sein zum Bremsen und zu schwach, um keinen zu überfahren.« Erst als alle Familienmitglieder wie aus einem Munde »Ach, Doris!« ausriefen, verstummte ich, allerdings nicht ohne das ungute Gefühl, mich mitschuldig zu machen an potenziellen von Ömi verschuldeten Unglücksfällen im Straßenverkehr.

Nach Ömis Genesung zog mein Mann schließlich wieder bei uns zu Hause ein und versuchte, sich von den Strapazen der Altenpflege – und insbesondere des frühen Aufstehens – zu erholen. Es gelang nicht wirklich: Er musste ja jeden Morgen und jeden Abend bei Ömi anrufen, um zu kontrollieren, ob es ihr auch gut ging.

Ömi war aber nicht immer zu erreichen. Mal vergaß sie, nach einem Gespräch aufzulegen, sodass die Leitung blockiert war. Oder sie stöpselte den Stromanschluss aus, um das Staubsaugerkabel in ebendiese Steckdose zu stecken (als gäbe es nicht mindestens zehn freie Steckdosen in dem zweihundert Quadratmeter großen Haus). Oder sie ließ das Telefon im Garten liegen. (Allein das passierte drei Mal wöchentlich.) In solchen Fällen versuchte mein Mann, die Nachbarin oder einen Verwandten aus der Nähe zu erreichen, damit die bei Ömi vorbeischauten. Wenn das nicht möglich war, fuhr er selbst los.

Eigentlich ist er nun immer irgendwie unterwegs – zur Arbeit, zur Ömi, von der Ömi kommend, mit der Ömi zur Krankengymnastik fahrend, wieder zur Arbeit. Er ist mehr im Auto als anderswo. Samstags fährt er sowieso nach wie vor immer zu Ömis Haus, um nach dem Rechten zu sehen. Oft kommt es mir vor, als wohne er gar nicht mehr wirklich bei uns, sondern auf dem Mittleren Ring.

Nach Ömis Treppensturz widmete er sich der schier unlösbaren Aufgabe, alle Stolperfallen wegzuräumen. Unlösbar, weil die eben weggeräumten Dinge immer wieder an anderer Stelle auftauchten. Da waren zum Beispiel Kartons, die auf der Kellertreppe standen. Kleine Hocker auf dem Teppich neben dem Bett, im Dunkeln nur zu leicht übersehbar. Teppiche und Läufer, die wegrutschen konnten, Bodenvasen, zum Trocknen aufgespannte Regenschirme, Wäschekörbe – alles stand mitten im Weg: der reinste Hindernisparcours.

Einmal kamen wir zu einem Winterspaziergang vorbei, und Ömi zog fellgefütterte Winterstiefel an. Wenigstens trug sie keine Absatzschuhe mit spiegelglatten Sohlen, wie meine Mutter dies – auch bei Schnee und Eis – immer tut. Leider waren die Stiefel am Schaft ein bisschen eng, deswegen hatte sich Ömi den Stiefelauszieher rausgelegt, eine Vorrichtung, die aus einem leicht schräg stehenden, etwa dreißig Zentimeter langen Holzbrettchen mit einer ovalen Ausbuchtung besteht. Diesen Stiefelauszieher hatte sie atemberaubend knapp an der Kante der steinernen Kellertreppe platziert: Nur ein bisschen zu schwungvoll aus dem Stiefel geschlüpft, und schon wäre die Ömi kopfüber die steile Stiege hinuntergesegelt, und zwar mit vollem Karacho.

Mein Mann flippte fast aus und wollte den Stiefelauszieher im Kachelofen verheizen, aber Ömi lächelte nur wieder sehr spitzbübisch, als wäre ihr diesmal ein ganz besonders witziger Streich gelungen. Man konnte ihr förmlich ansehen, was in ihrem Kopf vorging: Verbrenn ihn nur, den Stiefelauszieher. Ich habe ja noch siebzehn weitere im Schrank!

Gegen das Gebot des Arztes – und meines Mannes – weigerte sie sich außerdem, zu duschen statt zu baden. Obwohl mein Mann sogar einen Duschhocker kaufte und in der Kabine unterbrachte, und obwohl er vorsorglich den Wasserhahn an der Wanne abschraubte. Ömi holte einfach einen Installateur, der einen neuen Hahn anbrachte, und führte die jahrzehntelange lieb gewordene Praxis des Heiß-Badens auf leeren Magen um 3 Uhr 30 fort.

»Vielleicht will sie sich umbringen«, sagte mein Mann verzweifelt. »Vielleicht hat sie einfach keine Lust mehr zu leben und versucht auf diese Weise, allem ein Ende zu machen.«

Kann sein – glaube ich aber nicht. Ich glaube, sie will einfach nur weiterhin jeden Morgen um 3 Uhr 30 heiß baden, und sie will sich dabei von niemandem reinreden lassen. Deswegen zieht sie das durch, auch wenn sich alle auf den Kopf stellen.

»Ich bring sie ins Altersheim!«, schimpft mein Mann immer, wenn er seine Mutter nicht erreicht, weil sie mal wieder das Telefon verlegt hat, oder weil schon wieder stapelweise leere Kartons auf der schlecht beleuchteten Treppe stehen, oder weil sie schon wieder kaum was getrunken hat, oder weil sie seit acht Monaten behauptet, ihr Hörgerät sei in der Reparatur. »Noch heute bring ich sie ins Altersheim!«

Er sagt es ständig. Aber natürlich meint er das nicht erst.

Einmal saßen wir alle gemeinsam bei einer Familienfeier – es war ein runder Geburtstag. Ömi hatte mal wieder keinen Appetit.

»Möchtest du nicht wenigstens ein kleines Stück von dem Braten probieren?«, fragte ich.

»Ach, nein nein«, antwortete Ömi in ihrer typischen Art, als wäre der Gedanke, sie könne ein Stückchen Fleisch zu sich nehmen, völlig abwegig.

»Oder ein paar von den Kartoffeln«, versuchte es mein Mann.

Ömi lächelte und schüttelte wortlos den Kopf.

»Nimm doch wenigstens ein bisschen was von dem Salat!« insistierte mein Mann, der sich vor Ungehaltenheit schon leicht rosa verfärbte: »Irgendwas musst du doch essen!«

»Ach … nein, nein!«, machte Großmama nur, als mein Sohn, der eigentlich sonst ein eher schüchternes Kind ist, plötzlich herausplatzte:

»Die Ömi, die will gar nichts, nur hier sitzen!«, posaunte er. »Die ist schon froh, wenn sie hierbleiben kann und nicht ins Altersheim muss.«

Das hat die Ömi natürlich gehört. (Wenn's darauf ankommt, hört sie immer.) Sie erstarrte.

»Ach was, die Ömi braucht kein Altersheim«, sagte meine Tochter in die peinliche Stille hinein. »Die hat schon eines. Nämlich uns!«

Wer nicht hören will, muss jammern!

Es ist an der Zeit, ein Geständnis zu machen: Es ist nicht alles genau so, wie ich es beschrieben habe, sondern ein wenig anders. Ich habe aber nicht etwa aufgeschnitten und etwas dazuerfunden oder stark übertrieben. Genau das Gegenteil ist der Fall: Ich habe etwas weggelassen, der Einfachheit halber.

Tatsächlich war es nämlich nicht so, dass meine Mutter sich nur andauernd über ihre Schmerzen und die Kälte und die Hitze und den Verkehr und ihre Ärzte und ihre Falten beschwerte. Sie beschwerte sich auch noch über ihre Schwerhörigkeit. Sogar am allerhäufigsten über ihre Schwerhörigkeit. Sie klagte über die Schwerhörigkeit und ihre Schmerzen, die Schwerhörigkeit und die Kälte, die Schwerhörigkeit und die Hitze, die Schwerhörigkeit und den Verkehr, die Schwerhörigkeit und die Schwerhörigkeit. Ich habe das unterschlagen, um die Sache nicht zu kompliziert zu machen. Dabei war sie das aber: kompliziert und fast nicht auszuhalten.

Besonders schlimm war die Art und Weise, wie Mama sich über ihr schlechtes Gehör beklagte: als wäre schlechtes Hören eine tödliche Krankheit. Es gibt Leute, die machen um Krebs nicht so viel Aufhebens wie meine Mutter um ihre Schwerhörigkeit.

»Ich höre nichts!!!!!«, pflegte sie lautstark auszurufen, mit echter Hysterie in der Stimme, als wäre dieser Umstand von einem Moment auf den anderen wie ein Schock eingetreten.

»Oh ja, ich weiß!«, konnte ich dazu nur stöhnen – schließlich hörte sie seit fünf Jahren schon schlecht.

»Stell dir bloß vor!«, kam dann immer als Antwort, als hätte sie meine Bemerkung gar nicht gehört (was nur zu wahrscheinlich war). »Ich verstehe fast nichts von dem, was du sagst!«

»Ja«, sagte ich entnervt. »Und wenn du jetzt auch noch die Brille absetzt, dann siehst du auch nichts mehr. Schaff dir doch endlich mal ein Hörgerät an! Dann hörst du auch wieder.«

Doch auf diesem Ohr war sie – man kann es nicht anders sagen – taub. Und auf dem anderen auch.

Dabei war Mama bereits in einem ganz frühen Stadium ihrer Schwerhörigkeit zum Hals-Nasen-Ohren-Arzt gegangen. Wie gesagt, vor fünf Jahren. Zu der Zeit musste man sie noch nicht zu jedem Arzttermin begleiten, aber wahrscheinlich wäre es auch damals schon besser gewesen – nur das wussten wir eben noch nicht.

»Ja, es ist wahr, ich bräuchte ein Hörgerät«, sagte sie damals so nebenbei.

»Dann solltest du dir jetzt eins machen lassen, oder?«, sagten wir.

»Ja, das sollte ich, denn sonst degeneriert das Ohr,

und das Hörgerät kann nichts mehr ausrichten. Das hat der Arzt gesagt«, erklärte sie.

Aber sie ließ sich keines machen.

»Mama«, mahnten wir ein ums andere Mal. »Wenn du dir nicht bald ein Hörgerät machen lässt, dann lässt sich das Gehör gar nicht mehr korrigieren. Das hat der HNO doch gesagt.«

»Ja, absolut richtig, das hat er gesagt. Er sagte: Es muss nicht sofort sein, aber bald sollte ich das Hörgerät machen lassen, sonst hilft es nichts mehr.«

»UND? Wann lässt du es denn nun endlich machen?!«, fragte ich fünf Jahre lang in regelmäßigen Abständen. Erfolglos. Es passierte nie.

Stattdessen bildete sie sich zunehmend ein, Hörgeräte würden das Gehör nur verschlechtern. Es war eine ähnliche Logik wie die, die sie anwendete, um zu erklären, warum sie auch an eiskalten Tagen keine Kopfbedeckung trug: Wenn man einmal eine Mütze trägt, dann wird man empfindlich und möchte immer etwas auf dem Kopf tragen, wenn man die Mütze dann aber weglässt – dann holt man sich einen Schnupfen. Nur dass diese Art von Argumentation sich bei Hörgeräten nicht eignet: Man bekommt keinen Schnupfen, wenn man sie mal nicht trägt, und es ist auch nicht so, dass man durch Hörgeräte verlernt zu hören, sondern das Gegenteil ist der Fall: Das Gehör wird, wie gesagt, *ohne* Hörgerät schlechter. Beziehungsweise: nicht wirklich das Gehör, sondern das Gehirn. Das verliert nämlich mit der Zeit die Fähigkeit, Gehörtes zu deuten und richtig einzuordnen.

Generell wäre es fürs Gehirn gut, wenn Mama wieder besser hören würde. Das betonte auch der Neurologe, bei dem sie wegen der Demenz in Behandlung war, regelmäßig. Allerdings vollkommen erfolglos. Wahrscheinlich war es einfach so, dass Mama Angst hatte, mit einem Hörgerät alt auszusehen. Und diese Vorstellung war wohl das Allerschlimmste für sie.

»Du weißt schon, dass die modernen Hörgeräte winzig sind, oder? Man sieht sie quasi gar nicht«, sagte ich, als mir der Gedanke kam, dass dies mit ein Grund für die Verweigerung sein könnte. Und was sage ich: Bingo – das war's!

»Von wegen, so ein DING soll man nicht sehen?!«, sagte Mama. »Und wie man so ein DING sieht!« Offenbar war das letzte Hörgerät, das sie bewusst wahrgenommen hatte, seinerzeit das alte Teil vom Opa gewesen, Mamas Vater, der aber auch schon seit über 25 Jahren tot ist.

»Schau dir doch mal eins an. Die haben sich enorm entwickelt. Wenn du willst, fahre ich dich zum Hörgeräteakustiker, und wir lassen uns mal beraten, einfach so, ganz unverbindlich.«

Der Blick, der mich daraufhin traf, wünschte mir wieder einen Kugelblitz an den Hals – mindestens!

Und dann bekam Ömi ihr Hörgerät. Das machte alles nur viel schlimmer. Ömi nämlich beschied kategorisch, das Gerät tauge nichts. Aus, Punkt, Basta. Und Mama schloss daraus, was sie gern daraus schließen wollte: Kein Hörgerät auf der weiten Welt tauge etwas. Mittlerweile hatte man sogar das Gefühl, sie habe regelrecht Panik, das Hörgerät könne ihr das Rest-Hören auch noch zerstören.

»Ich habe solche Angst«, gestand sie tatsächlich manchmal, wenn ich fragte, warum sie sich in Dreiherrgottsnamen nicht endlich das vermaledeite Hörgerät machen ließ.

»Aber wovor denn?! Hörgeräte beißen schließlich nicht!«

»Ich habe Angst, dass ich damit erst recht nichts höre. Die Elsbeth sagt ja auch, dass diese Geräte nicht gut sind.«

Nur dass Ömi ihr Hörgerät offenbar nur ein einziges Mal in ihrem Leben ausprobiert hatte: beim Hörgeräteakustiker. Nach dem Hörgeräteakustiker hat niemand die Ömi jemals wieder mit dem Gerät gesehen. Überhaupt hat noch niemals jemand von uns das Gerät zu Gesicht bekommen. Angeblich war es bei der Reparatur. Und zwar vom ersten Tag an.

Außerdem war es teuer. Viele tausend Euro, sagte Ömi.

»Das kann ich mir nicht leisten«, sagte Mama. »So viel Geld habe ich nicht.«

»Du weißt doch noch gar nicht, was dein Hörgerät kosten würde.«

»Tausende! Das hat die Elsbeth doch schon gesagt. Ich gebe doch nicht so viel Geld für ein Hörgerät aus, und dann habe ich gar kein Geld mehr. Und was, wenn dann mal was ist?«

»Stimmt. Du könntest ja vielleicht schwerhörig werden. Und dann hättest du gar kein Geld mehr für ein Hörgerät«, sagte ich. Aber mit Spott kam man natürlich auch nicht weiter, da krächzte sie nur

»Waahaas?« und tat, als verstünde sie noch weniger, als sie tatsächlich verstand. Sie wollte nun mal kein Hörgerät. Sie drehte den Fernseher und den CD-Player einfach lauter, und wenn sie mit Jule oder Elsbeth oder ihren anderen Telefon-Freundinnen telefonierte, drückte sie den Hörer ganz fest an ihr Ohr. Sie tat, als wäre sie gar nicht schwerhörig. Wahrscheinlich war das schlechte Hören auch ein Auslöser für die Demenz, glaubt meine Freundin, die Ärztin. Aber nun lässt sich das eben nicht mehr ändern.

Schließlich hörte meine Mutter so schlecht, dass man von einer echten Beeinträchtigung im Alltag sprechen musste. Sie verstand die Verkäuferin beim Bäcker nicht mehr und die Nachbarin nicht und nicht die Ärzte und Arzthelferinnen und die Physiotherapeutin – niemanden. Nur noch mit uns konnte sie einigermaßen kommunizieren, denn wir waren ja an ihre Schwerhörigkeit gewöhnt und brüllten. Ansonsten aber sind die Menschen in unserer Gesellschaft nicht mehr auf Schwerhörige eingestellt – außer meiner Mutter und vielleicht noch meiner Schwiegermutter trägt ja jeder, der schlecht hört, ein Hörgerät. Selbst der hohe Preis ist kein Argument dagegen: Auch arme Leute haben Hörgeräte, denn sie sind von Zuzahlungen befreit und müssen kein Geld aufwenden, um etwas zu hören. Und wer auch mit Hörgerät nicht hört, der kommuniziert in der Gebärdensprache und kann von den Lippen ablesen. Aber das konnte Mama natürlich auch nicht.

Jedenfalls mussten meine Schwester und ich und auch meine Tochter sie irgendwann überallhin begleiten und für sie übersetzen, sprich: das Gesagte in gebrüllter Version wiedergeben.

»Schrei mich nicht so an!«, sagte Mama dann immer, und dann jammerte sie wieder: »Ach, ich höre so schlecht! Es ist so schrecklich! Warum ich?!« Schließlich wünschte ich mir allen Ernstes, ich würde selbst auch schlecht hören. Ich konnte es einfach nicht mehr ertragen.

Eines Tages, als wirklich kein Mensch mehr damit rechnete, gab sie freudestrahlend bekannt, dass sie sich entschlossen habe, sich ein Hörgerät anzuschaffen. Da hatte ich mit der Sache schon derart abgeschlossen, dass ich mich überhaupt nicht mehr mitfreute.

Weil die letzte Untersuchung vom HNO schon so lange zurücklag, mussten wir zuallererst natürlich dorthin. Mamas HNO untersuchte sie aufmerksam, die Praxisschwester machte noch ein paar weitere Tests, und niemand sagte etwas davon, dass Mamas Gehör nun bereits zu geschädigt sei oder Ähnliches. Kurz bevor wie gehen wollten, zog uns der HNO noch kurz zur Seite und gab uns folgende Empfehlung mit:

»Egal, was der Hörgeräteakustiker sagt: Nehmen Sie das günstige Gerät. Die Geräte, die derzeit die Kasse zahlt, sind vollkommen ausreichend, besonders für alte Leute, die ja meist nur Unterhaltungen unter vier oder sechs Augen führen. Lassen Sie sich also kein Gerät andrehen, mit dem Sie in einer Konferenzsituation mit 25 Leuten am Tisch alles verstehen können, denn das brauchen Sie gar nicht!«

Dann erklärte er das alles noch ein paar Mal lauter und noch lauter, und schließlich gingen wir. Unterwegs stoppten wir bei einem Kaufhaus, denn Mamas Wecker war kaputt. Wir kauften einen neuen Wecker, und dann gingen wir noch in ein Café, und das kam selten vor. Mama war bestens gelaunt, und ich muss zugeben: Langsam freute auch ich mich endlich auf das neue Hörgerät. Alles kam mir leicht und unbeschwert vor an jenem Tag. Ich hatte nicht die geringste Ahnung, was auf mich zukam.

Nach dem Besuch beim HNO dauerte es noch mal Ewigkeiten, bis Mama sich aufraffte, zum Hörgeräteakustiker zu gehen. Sie meinte, sie müsse sich jetzt erst mal vom Besuch beim Arzt erholen und darüber reflektieren, ob alles, was sie da angeleiert hatte, einen Sinn ergebe. Kurz bevor die Überweisung des Arztes ungültig wurde, zwang ich sie dann zu einem Termin.

Zum Glück gab es einen Parkplatz direkt vor dem Praxiseingang des Hörgeräteakustikers, nur leider war die Straße zur Seite hin offenbar leicht abschüssig. Beim Aussteigen fegte Mama mit der aufschwingenden Autotür beinahe einen Radfahrer um. Dann schlug sie sich noch selbst die Wagentür auf die Hand (sie versucht immer, gegen jeden Rat, die schwere Autotür zu schließen, indem sie sich zwischen Auto und Türe stellt. Das kann nicht gut gehen). Und dann waren wir auch fast schon da.

Der Hörgeräteakustiker war eine Akustikerin, hübsch, blond, zierlich und jung – das war unser Pech: Mama misstraut Werktätigen unter 55 grundsätzlich, fast so, als wären Dreißigjährige nicht viel besser als Praktikanten in ihrer ersten Praxiswoche. Die junge Frau begrüßte uns freundlich, allerdings auffallend leise – Mama musste dreimal nachfragen, was sie überhaupt meinte (ah ja – Guten Morgen!) –, und bat uns zu warten. Es gab ein kleines Wartezimmer, in dem in einer Glasvitrine Hörgeräte aus alten Zeiten ausgestellt waren, altrosafarbene Ungetüme mit langen, verworrenen Kabeln dran. Mama betrachtete sie sorgenvoll und biss sich auf die Unterlippe. Ich versuchte ihr zu erklären, dass die modernen Geräte keineswegs so aussehen, aber weil davon kein einziges ausgestellt war, konnte ich nicht wirklich zu ihr durchdringen.

Die hübsche junge Dame – sie hieß Frau Wolf – bat uns in einen Raum mit einem Computer und fragte Mama: »Seit wann hören Sie denn schlecht?«

Mama verstand kein Wort, und ehrlich gesagt hatte auch ich Schwierigkeiten, Frau Wolf zu verstehen, weil sie so leise sprach. Schließlich, nach langem Hin und Her, hatte sie eine Art Aufnahmebogen in den Computer getippt, und dann ging es richtig los.

»Jetzt beginnen wir mit dem eigentlichen Hörtest«, säuselte Frau Wolf. Sie verpasste Mama einen Kopfhörer, auf dem bestimmte Wörter von Band zu hören waren, die Mama nachsagen sollte. Mama hörte aber gar nichts, da stellte Frau Wolf lauter, aber Mama hörte immer noch gar nichts. Schließlich drehte Frau Wolf so laut, dass sogar ich jedes Wort verstehen konnte, dabei trug ich den Kopfhörer ja nicht und saß auch gut einen Meter hinter Mama. Zu hören war eine sonore Herrenstimme, die folgende Worte formulierte: »Gracht, Krach, wach, Schmach, lacht, Pacht, kracht.«

»Was soll das, das ist doch Blödsinn«, sagte Mama.

»Wollen Sie bitte die Wörter einfach nachsprechen«, flüsterte Frau Wolf.

»Aber ich verstehe das nicht. Was soll das denn heißen?«, wunderte sich meine Mutter, und es dauerte ziemlich lange, bis wir ihr klargemacht hatten, dass es bei dieser Übung gar nicht darum ging, einen Zusammenhang herzustellen, sondern dass sie einfach nachsprechen sollte. Und wäre ich nicht mitgekommen, hätte Frau Wolf (die mir mit ihrem leisen Gemurmel zunehmend auf die Nerven fiel) wohl noch lange leise wie ein Mäuschen auf meine völlig verständnislos dreinblickende Mutter eingewispert.

So aber nahm ich die Angelegenheit resolut in die Hand und rief laut und vernehmlich: »SPRICH HALT EINFACH NACH!«, und Mama blickte mich einigermaßen beleidigt an – aber sie tat, was verlangt war, und das klang so: »Graaach, Graaach, Graaach, Graaach, Graaach, Graaach Graaach.«

Und so erkannten Frau Wolf und ich, dass sie die ganze Zeit über nur sonderbare Kratzlaute verstanden hatte, und dass Frau Wolf das Band NOCH lauter stellen musste, und da kam dann endlich fast das Richtige raus: »Gracht, Krach, wach, Schmach, lacht, Pacht, kracht«, machte die Herrenstimme.

»Krach, Krach, Bach, mach, pach, Krach«, sagte Mama, und Frau Flüster-Wolf lächelte fein und freute sich: »Schon besser!«

So ging das dann eine Weile mit den merkwürdigsten Wortreihen. Aber dann waren wir immer noch nicht fertig. Nun schickte Frau Wolf Pieplaute durch den Kopfhörer, und Mama sollte sofort Bescheid geben, wenn sie die Pieplaute vernahm.

»Also, es geht los!«, sagte Frau Wolf mit ihrem feinen Stimmchen und tippte auf ihre Tastatur.

Nichts passierte.

Frau Wolf blickte irritiert, dann tippte sie wieder ein paar Tasten.

Keine Reaktion.

»Haben Sie denn gar nichts gehört?«, fragte Frau Wolf beunruhigt.

»Schon«, sagte Mama.

»Aber warum sagen Sie denn nichts?!«

»Ich wollte doch erst ganz sichergehen!«, sagte Mama.

Frau Wolf atmete tief durch, dann wandte sie sich wieder an Mama und sagte, mit betont leiser Stimme: »Bitte. Geben. Sie. Einfach. Laut. Sobald. Sie. Etwas. Vernehmen.« Dann versuchte sie, Mama anzulächeln. Es klappte nicht wirklich.

Langsam wurde mir klar, warum Frau Wolf derart leise sprach. Wahrscheinlich war das eine Maßnahme, die man bei der Ausbildung zum Hörgeräteakustiker eingeimpft bekam. Wenn man nämlich all den schwerhörigen alten Menschen, die jeden Tag in solch einen Hörgeräteladen kommen, alles achtzehn Mal ins Ohr brüllt, hat man logischerweise bald gar keine Stimme mehr. Darum schont man sie besser.

Als Nächstes sandte Frau Wolf Mama einen schmerzhaft lauten Ton über den Kopfhörer, und Mama musste sagen, wann sie ihn nicht mehr aushielt. Das machte Mama ganz gut. Allerdings war das der Moment, in dem mir klar wurde, warum Ömis Hörgerät nicht funktionierte: An diesem Punkt des Tests hatte meine Schwiegermutter den Schmerz bestimmt ausgehalten bis ultimo – ganz wie es ihre Art war. Deswegen rief ich gleich meinen Mann an, der umgehend einen neuen Termin im Hörgerätecenter für Ömi vereinbarte – diesmal mit ihm.

Schließlich bekam Mama Geräusche in unterschiedlichen Abständen durchgeschickt und musste wieder Laut geben, sobald sie sie hörte, denn Frau Wolf wollte die Schnelligkeit von Mamas Reaktion auf die Geräusche zeitgleich in ihrem Computer notieren. Dazu musste sie auf den Monitor blicken und konnte nicht auf Mama schauen. Mama gab aber nicht Laut. Mama hob die Hand. Dann winkte sie. Sie streckte den Zeigefinger. Sie nickte. Sie machte alles Mögliche, aber nie das, was man von ihr verlangte.

»Bitte, geben sie Laut«, flehte Frau Wolf. »Bitte!«

Die Tests dauerten sehr, sehr lange.

Zu guter Letzt bekam Mama eine knallblaue Paste in die Ohren geschmiert, um einen Abdruck ihrer Ohrmuscheln zu nehmen, und dann waren wir für diesen Tag entlassen.

Im Wagen war Mama sehr erschöpft und ausgesprochen aufgebracht: »Findest du nicht, die Kleine (sie meinte Frau Wolf) hätte wegen der Farbe fragen können?!«

»Welcher Farbe?«, wunderte ich mich.

»Blau! Das passt doch wirklich zu gar nichts!«, beschwerte sich Mama. Da wurde mir klar, dass sie dachte, das Hörgerät würde die gleiche Farbe haben wie die Paste, mit der der Ohrabdruck erstellt wurde.

»Aber Mama – dein Hörgerät wird doch nicht blau!«, sagte ich.

»Ach, meinst du!«, erwiderte sie zickig und schickte mir wieder einen ihrer Kugelblitz-Blicke. Sprich: Sie glaubte mir kein Wort.

In der Woche darauf fanden wir morgens wieder einen Parkplatz direkt vor dem Hörgeräteakustiker, aber diesmal warnte ich Mama schon, als ich den Lenker zum Einparken einschlug, bloß nicht wieder unvermittelt die Autotür aufspringen zu lassen. Auch das war wieder falsch: Als ich den Motor abschaltete, hatte sie meine Warnung bereits vergessen und ... genau! Die Radfahrerin konnte gerade noch ausweichen.

Manchmal vergisst Mama, dass sie nicht gut hört, beziehungsweise: Vielleicht ist es eher so, dass sie vergisst, dass andere besser hören als sie. Jedenfalls spricht sie mitunter über andere Leute, als könnten diese das gar nicht verstehen. Heute war so ein Tag.

Im Wartezimmer saß bereits ein weißhaariger Herr in einem altmodischen Tweed-Anzug, der an Parkinson zu leiden schien: Ein Zittern seiner Hände ließ sich nicht übersehen.

»Siehst du, der Mann da!«, brüllte Mama. »Entsetzlich, nicht wahr? ENT-SETZ-LICH!«

»Pssssst«, machte ich, aber das hörte Mama wieder mal nicht. »ENT-SETZ-LICH! Der arme Mann!!!« Zum Glück schien der alte Herr sehr schwerhörig zu sein, denn er zeigte keine Reaktion.

Dann kam Frau Wolf herein, grüßte und sagte: »Dauert nur noch einen Moment!«

»Ist das die Kleine vom letzten Mal?«, posaunte Mama, als Frau Wolf noch nicht zur Tür heraus war. Kurz: Der Tag fing schon gut an.

Diesmal lautete die erste Wortreihe so: »Maus, Schmaus, Graus, raus, schlau, grau, mau.« Mama schlug sich ganz gut. Das lag daran, dass sie jetzt bereits eine Art provisorisches Hörgerät eingesetzt bekommen hatte, das in der Zwischenzeit angefertigt worden war. Damit verstand sie so einiges. Frau Wolf war zufrieden.

»Sie verstehen rund siebzig Prozent mit dem Gerät. Das hätte ich nicht erwartet. Das ist sehr gut«, sagte sie in ihrer sehr ruhigen Art.

»Warum nur siebzig? Warum nicht alles?«, polterte Mama los.

»Das liegt daran, dass das Gehör schon sehr geschädigt ist.« Eben weil Mama so lange mit dem Hörgerät gewartet hatte.

Vielleicht lag es an dieser Nachricht, die für Mama absolut frustrierend klang. Vielleicht gab es auch gar keinen rationalen Grund. Jedenfalls: Urplötzlich wollte sie das Hörgerät nun doch nicht mehr.

»Wissen Sie, Fräulein, ich habe sehr große Angst!«,

sagte sie. »Ich möchte es mir noch mal überlegen.«

»Aber wovor haben Sie denn Angst?«, fragte Frau Wolf erstaunt.

»Ich weiß nicht! Ich habe eben einfach Angst!«, sagte Mama (nein: tatsächlich schrie sie fast). »Vielleicht komme ich mit dem Gerät nicht zurecht!«

»Aber dann helfen wir Ihnen doch«, sagte Frau Wolf. Ich sagte gar nichts. Ich hatte nämlich überhaupt keine Lust auf einen erneuten Kugelblitz-Blick – noch dazu vor anderen Leuten – und gab vor, ganz ultradringend telefonieren zu müssen. Ich musste raus! Und zwar sofort!

Direkt neben dem Hörgeräteakustiker ist ein kleines Café, da holte ich mir einen Becher to go und stellte mich damit raus an die frische Luft. Wahrscheinlich wäre ein Beruhigungsmittel besser gewesen: Ich hatte das Gefühl, die Sitzungen in dem Hörgeräteladen mit meiner unberechenbaren Mutter und der flüsternden Ohr-Expertin nicht mehr lange zu ertragen. Was wollte ich überhaupt hier? Wozu war meine Anwesenheit gut? Mama machte sowieso nur, was sie wollte, nämlich jetzt vielleicht doch kein Hörgerät kaufen. Außerdem: Wahrscheinlich gefährdete ich sie und unschuldige Dritte durch meine Begleitmaßnahme nur unnötig, weil ich Mama mit dem Wagen herbrachte und auf diese Weise zuließ, dass sich die Autotüre in ihren Händen zu einer gefährlichen Waffe verwandelte. Vielleicht sollte ich in Zukunft einfach zu Hause bleiben und sie machen lassen, egal, was dabei herauskam. Ja, genau: Vielleicht sollte ich jetzt einfach in mein Auto steigen und mich um meine eigenen Angelegenheiten kümmern. Das war mit Sicherheit die beste Idee.

Aber natürlich habe ich das dann wieder einmal nicht getan. Stattdessen bin ich zurück zu Mama in den Hörgeräteladen und habe mich anschnauzen lassen: »Wo warst du?! Wir müssen doch jetzt das Gerät aussuchen!«

Das Gerät also: Mittlerweile hatte Frau Wolf – der es irgendwie gelungen war, meine Mutter zu beruhigen – einen Katalog hervorgekramt, vor dem saßen die beiden nun. Es ging bei ungefähr vierhundert Euro los – was die Zuzahlung betraf. Das waren die Geräte, die Mamas Hals-Nasen-Ohren-Arzt empfohlen hatte.

»Die sind wirklich ausreichend, wenn Sie überwiegend Gespräche unter vier oder sechs Augen führen«, bestätigte Frau Wolf.

»Kann ich damit alles hören?«, fragte Mama.

»Es ist so: Damit können Sie besser hören, wenn Sie sich in einem Raum mit wenigen Personen befinden«, sagte Frau Wolf.

»Und wenn viele Leute da sind?«

»Dann eignet sich solch ein Gerät nicht so gut. Aber Sie müssen natürlich überlegen: Wie oft kommt das in Ihrem Alltag vor, dass Sie mit so vielen Menschen zusammen sind?«

»Und wie ist es damit?«, fragte Mama und zeigte in der Spalte im Katalog ganz nach unten.

»Dies ist ein sehr aufwendiges Gerät. Es wird oft Kindern angepasst, die trotz der vielen Nebengeräusche im Schulunterricht alles verstehen sollen. Oder jüngeren Menschen, die im Beruf stehen«, erläuterte Frau Wolf.

»Also ein gutes Gerät?«, fragte Mama.

»Wenn Sie so wollen: Ja, das ist schon sehr gut.«

»Dann nehme ich das, bitte!«, sagte Mama.

»Aber Mama, die Zuzahlung beträgt zwölftausend Euro! Dein Arzt hat gesagt, du brauchst gar kein derart gutes Gerät«, erschrak ich.

»Warum soll ich kein gutes Gerät haben?!?«, empörte sich Mama. »Ich will doch gut hören können!«

»Gut hören können Sie auch mit dem anderen Gerät«, sagte Frau Wolf. »Nur eben nicht in einer Runde mit vielen Leuten, darum ...«

»Also dann bleibe ich dabei: Ich nehme den besten Apparat, den Sie haben!«, sagte Mama.

Nach langem Ringen handelten wir sie schließlich herunter, auf ein Hörgerät, bei dem nur eine Zuzahlung von 1200 Euro zu leisten war. Dafür musste man daran die Lautstärke nicht eigenhändig regulieren, sondern das passierte automatisch. Das war's wert. Aber muss ich betonen, dass Mama bereits im Wagen darüber klagte, dass sie nun soooo viel Geld zuzahlen musste – obwohl sie kurz davor bereit gewesen war, das Zehnfache auszugeben?

Manchmal, wenn ich meine Mutter zu all ihren Terminen begleite, ist mir das ein wenig peinlich. Nicht, wenn ich das erste Mal irgendwo dabei bin. Da reagieren alle noch ganz normal auf mich. Aber wenn ich meine Mutter ein ums andere Mal in eine Praxis begleite, dann kommen die Leute offenbar ins Grübeln und stimmen regelmäßig leicht belustigte Kommentare an, etwa wie: »Na, die Damen, wieder zusammen unterwegs?« Da Mama ja jünger aussieht und auch ihre Demenz noch nicht so stark ausgeprägt ist, dass sie gleich auffallen würde, wirkt sie nämlich auf den ersten Blick gar nicht so, als ob es einer Begleitung bedürfe. Darum kommt den Leuten meine Anwesenheit komisch vor. Als wäre ich eine schrullige alleinstehende Frau, die immer nur mit ihrer alten Mutti zusammen ist. Außerdem führe ich den gleichen Nachnamen wie Mama. Das verstärkt natürlich diesen Eindruck. Ein Orthopäde hat mich vor einiger Zeit sogar mal geradeheraus gefragt: »Sind Sie denn gar nicht verheiratet?« Das war natürlich unverschämt von ihm, denn es geht ja niemanden an, wie ich lebe.

Trotzdem würde ich manchmal, wenn ich mit Mama unterwegs bin, am liebsten ein Schild hochhalten, auf dem steht: »Es ist alles ganz anders, als es aussieht: Ich habe zwei Kinder, eine Beziehung, einen Job und soziale Kontakte! Ich habe ein Leben!« Aber das wäre natürlich mehr als albern.

Jedenfalls war ich dann fast eine Sekunde lang gerührt, als Mama bei unserem dritten Besuch im Hörgeräteladen eine kleine Lobeshymne auf mich anstimmte:

»Sie ahnen ja gar nicht, wie sehr meine Tochter mir hilft!«, sagte sie zu Frau Wolf. »Dabei hat sie auch ohne mich schon genug zu tun, mit den Kindern und ihrer Arbeit und allem!«

Im selben Moment war es mir dann auch wieder entsetzlich peinlich, und ich wünschte mich weit fort, denn das alles geht ja niemanden etwas an.

Aber es kam noch übler: Nur einen Moment später schlug Mamas Laune um, und statt mich vor der Hörgeräteakustikerin zu preisen, begann sie, mich anzufauchen. Das Hörgerät war nämlich da. Und damit Mamas panische Angst davor.

»Und was, wenn ich es nicht einsetzen kann?!?«, sorgte sie sich.

»Keine Sorge, Mama, das ist sicher ganz einfach«, sagte ich.

»EINFACH?«, kreischte Mama. »Ach! Meinst DU wohl!« (achtzehn Kugelblitze).

Frau Wolf blickte auf ihre Schuhspitzen. Ich beneidete sie nicht um ihren Job. Andererseits: Es war unwahrscheinlich, dass die anderen schwerhörigen alten Leute sich so verhielten wie Mama. Sie ist in ihrer Art schon einzigartig.

»Sie werden sich sicher ganz bald an das Hörgerät gewöhnt haben«, flötete Frau Wolf, ohne den Blick von ihren Schuhen zu heben.

»Und wenn nicht?!?«, polterte Mama, mittlerweile vollends hysterisch. »Was, wenn ich nie lerne, diese DINGER einzusetzen?!«

»Aber das ist doch gar nicht so schwierig, das hat noch jeder irgendwann ....«, verlor sich Frau Wolfs kleine Stimme.

»Aber ICH vielleicht NICHT!!!«, rief Mama, die ich selten so echauffiert erlebt hatte.

Aber es half ja nichts: »Jetzt probier's doch einfach mal aus!«, herrschte ich sie an.

Da erst nahm sie endlich die »Dinger« und setzte sie sich in die Ohren. Es klappte sofort.

Der Heimweg kam mir vor wie ein merkwürdiger Film: Wir fuhren im Auto, und alle paar Minuten verstummte Mama und blickte sich augenrollend um. Ich verstand erst gar nicht, was diese Pantomime sollte.

Erst im Treppenhaus: Es war zwischen dem zweiten und dem dritten Stock, als sie plötzlich bewegungslos verharrte. Sie hörte!

»Was ist das?«, fragte Mama.

»Was meinst du?«

»Na, dieses Geräusch!«, sagte sie.

Unten, an der Straße, war gerade die Müllabfuhr zugange. Der Motor des orangefarbenen Fahrzeugs lief, die Müllmänner rollten die Tonnen polternd über den Bürgersteig, dann ertönte das typische Dröhnen, das immer erklingt, wenn die Tonnen von der Hebevorrichtung nach oben gehoben und ausgekippt werden.

»Da, guck mal, da unten siehst du's!«, lachte ich und zog sie zum Fenster im Zwischengeschoss. »Das ist die Müllabfuhr! Lange Zeit konntest du ja all die Geräusche des Alltags gar nicht mehr hören. Aber jetzt hörst du sie wieder. Toll, oder!«

»Die Müllabfuhr? Die machen diesen furchtbaren Lärm?«, sagte Mama. »Nein, das wollte ich überhaupt nicht hören!«

Geduldsfäden oder: Hilfe, meine Mutter macht mich verrückt!

Meine Tochter Ida ist nun sechzehn Jahre alt, und oft haben wir Streit. Nicht (oder nicht nur), weil sie ihr Zimmer nicht aufräumt oder abends später nach Hause kommt als ausgemacht. Sondern wegen Oma.

»Sei nicht so genervt mit ihr«, tadelt sie mich oft, und sofort bekomme ich ein entsetzlich schlechtes Gewissen und zugleich das Gefühl, mich rechtfertigen zu müssen.

»Wieso genervt, bin ich doch überhaupt nicht!«, stammle ich.

»Natürlich! Du schreist sie ja regelrecht an!«, sagt Ida.

»Ich spreche nur laut, sonst versteht sie doch kein Wort! Aber ich schreie sie nicht an. Das klingt nur so!«, verteidige ich mich.

»Das ist eine ALTE FRAU! Die kann doch nichts dafür, dass sie so ist, wie sie ist!«, sagt meine Sechzehnjährige.

Danke für die Belehrung.

Wenige Minuten später habe ich die alte Frau, die nichts dafür kann, am Apparat. Statt einer Begrüßung sagt sie:

»Du musst kommen, ich habe Post gekriegt, die kapier ich nicht! Jetzt sofort!«

Oder sie sagt: »Die Eisentabletten gehen aus, ich will, dass du mir gleich neue bringst.«

Oder: »Du sollst Batterien für mein Hörgerät besorgen. Aber nicht aus dem Internet, die will ich nicht. Geh zum Hörgeräteakustiker. Am besten heute!«

Oder: »Du musst mich zum Zahnarzt fahren! Meine Beine tun zurzeit so weh, ich kann nicht zu Fuß gehen.«

Ich sage: »Da kannst du doch selbst hin. Du sollst dich doch bewegen, sagte der Arzt. Es ist doch nicht so weit.«

Dann bekomme ich sofort ein schlechtes Gewissen. Also will ich doch mit zum Zahnarzt. Ich bitte eine Kollegin, bei einem Termin für mich einzuspringen, und bespreche außerdem mit dem Chef, dass ich an dem Tag morgens früher ins Büro kommen werde, damit keine Arbeit liegen bleibt.

»Mama, ich kann dich nun doch am Montag zum Zahnarzt begleiten!«, verkünde ich freudig am Telefon. »Um viertel vor vier bin ich da, dann schaffen wir es mit dem Auto locker bis vier Uhr dort hin!«

»Besser du kommst um halb vier. Und keine Minute später!«, sagt sie.

»Findest du nicht, dass die Oma im Gegenzug auch netter zu mir sein könnte?«, frage ich meine Tochter. »Sie ist manchmal alles andere als freundlich. Sie kommandiert mich ganz schön herum!«

»Mama!«, sagt meine Tochter im gleichen Tonfall, in dem sie auch »Dummkopf« sagen würde. »Das ist eine ALTE FRAU!«

Na dann! Alter ist offenbar der Freibrief für schlechtes Verhalten per se. Interessanterweise war meine Mutter nie autoritär und fordernd uns gegenüber, als wir noch Kinder waren, und das ist sie auch bei den Enkeln nicht, sonst würden die nicht mit einer solchen Affenliebe an ihr hängen. Sie ist nur bei erwachsenen Kindern unausstehlich. Und je älter Mama wird, desto mehr verstärkt sich diese Tendenz.

Sie ist damit nicht die Einzige: Die Eltern meiner Kollegin sind noch einen ziemlichen Tick schlimmer. Ihre Geschichte geht so:

Als ihre Eltern gebrechlich wurden, kündigte die Kollegin eines Tages ihre Stadtwohnung und zog zurück zu ihnen aufs Land, wo sie zwei Zimmer im Dachgeschoss ihres Hauses bezog. Die Kollegin ist alleinstehend, aber trotzdem war das ein ziemlicher Schritt: Gerade als Alleinstehende genoss sie das Leben in der Großstadt. Aber irgendjemand musste sich ja um die alten Leute kümmern, sagte sie, und ihr Bruder lebt leider mit seiner Familie in einem anderen Bundesland.

Seither (es sind nun über zehn Jahre) pendelt meine Kollegin morgens und abends je über eine Stunde zur Arbeit. Das ist anstrengend und kostet auch viel Geld, was besonders ins Gewicht fällt, weil die Eltern meiner Kollegin nur sehr wenig Rente bekommen: Sie muss sie auch finanziell unterstützen.

Man möchte meinen, diese Eltern sind glücklich, eine Tochter zu haben, die sich derart vorbildlich um sie kümmert, aber das krasse Gegenteil ist der Fall: Die beiden alten Leute versuchen gerade, ihre Tochter zu enterben. Denn meine Kollegin weigert sich nun, das Treppenhaus des Häuschens, in dem die drei leben, renovieren zu lassen. Nicht, dass es baufällig wäre, die Eltern möchten es nur renovieren lassen, weil es ihnen so, wie es ist, nicht mehr gefällt. Sie lasse alles verkommen, schimpfen die Eltern. Dabei kann sich meine Kollegin gar keine Renovierungsmaßnahmen leisten, denn vor ein paar Jahren erst musste sie die komplette Fassade des Hauses ihrer armen Eltern erneuern lassen, und das kostete so viel Geld, dass sie sich bis zur eigenen Rente verschuldete. Aber für ihre Eltern ist sie trotzdem die Böse, und nicht etwa der Bruder in Bremen, der nur einmal im Jahr zu Besuch kommt.

Vielleicht sind die Kinder die beliebtesten, die gar nichts für ihre Eltern tun, wer weiß das schon. Aber es ist müßig, darüber nachzudenken.

Auf jeden Fall ist es so: Was auch immer die Omas und Opas sich wünschen (bzw. einfordern): Es muss auf der Stelle erledigt werden. Erstaunlich ist dabei, dass meine Mutter bei ihren zeitlichen Forderungen (jetzt, sofort, heute, gleich, schnell) nach wie vor sehr konkret ist und dass sie mit den Uhrzeiten auch (noch) überhaupt nicht durcheinanderkommt – ganz anders, als man das von Menschen mit Demenz so hört.

Allerdings scheint sie das ziemlich viel Kraft und

Disziplin zu kosten: Sie muss über alles extrem lange nachdenken und sich gründlich vorbereiten. Deswegen steht sie morgens sehr früh auf, um sich mental auf die Herausforderungen des Rentner-Daseins (zum Beispiel das Betätigen des Türöffners, wenn es klingelt) einstellen zu können. Das ist relativ neu bei ihr, noch unlängst lag sie gern etwas länger im Bett – so bis neun oder zehn. Doch seit sie die Medikamentenkontrolle ins Haus bekommt, die ich bereits beschrieben habe, ist alles anders: Sie hat die Pflegerin Theresa überredet, ihren Dienst täglich bei ihr und nicht bei anderen Klienten zu beginnen, und Theresa, die eine äußerst nette Person ist, tut das: Sie kommt täglich Punkt 6 Uhr 30 (statt, wie üblich, um sieben Uhr). Extra, weil Mama das so will. Als wäre 6 Uhr 30 nicht schon früh genug, steht Mama auch noch zwei Stunden davor auf: Ihr Wecker steht auf 4 Uhr 30!

»Da kann ich doch nichts dafür! Der ist nun mal so eingestellt!«, keift Mama, als ich sie darauf anspreche.

Sofort bekomme ich wieder mein schlechtes Gewissen: Vielleicht kann sie ihn gar nicht mehr umstellen, weil sie mental nicht mehr in der Lage ist, die Weckfunktion des Gerätes auf eine humane Zeit zu arretieren? Hätte ich besser auf die arme alte Frau achten müssen? Bin ich schuld, dass sie keinen Schlaf mehr hat, weil ein grausamer Wecker sie terrorisiert und keine Tochter ihr Leiden bemerkt?

Nein, so war es gar nicht: Mama kann schon noch problemlos den Wecker einstellen, und das tut sie auch: absichtlich auf volle zwei Stunden, bevor Theresa an der Tür schellt.

Ömi, meine Schwiegermutter, ist aus anderen Gründen früh auf den Beinen: wegen der besagten Ruhe. Das ist allerdings nur die offizielle Version. Tatsächlich steht sie wohl auch so früh auf, weil sich ausschlafen laut dem ungeschriebenen Verhaltenskodex, dem sie sich unterordnet, nicht gehört. Im Gegensatz zu Mama, bei der ich manchmal den Verdacht habe, dass sie tagsüber mehr Nickerchen einlegt als Wachphasen, schläft Ömi untertags nie. Sie legt nicht mal die Beine hoch. Manchmal übermannt sie die Müdigkeit, und ihr Kinn sinkt langsam auf die Brust, aber da reißt sie sich immer sofort zusammen, drückt das Kreuz durch und bemüht sich um Haltung.

Gegen zwölf Uhr mittags ist sie dann kaum noch in der Lage, einer Unterhaltung zu folgen, und ab vierzehn Uhr redet sie wirr, als wäre auch sie dement. Zum Beispiel bringt sie alle Verwandtschaftsverhältnisse durcheinander.

»Bist du froh, dass dein Sohn sich Urlaub genommen hat?«, fragte sie mich zum Beispiel unlängst und deutete auf meinen Mann.

»Aber das ist doch gar nicht mein Sohn. Das ist doch dein Sohn!«, versuchte ich aufzuklären.

»Schon gut, schon gut«, sagte sie dann. »Er ist schon ein lieber Sohn!«

Oder sie nennt mich wieder Doris, nach der Schwägerin, die sie am wenigsten mag.

Einmal erzählte sie, dass sie sich früher als ältestes Kind in ihrer Familie immer um die jüngeren Geschwister kümmerte wie eine kleine Mutter. Bei den Hausgeburten saß Ömi, die damals erst ein kleines Mädchen war, aufgeregt vor der Tür im Flur, und wenn das jeweilige Baby auf der Welt war, dann öffnete die Hebamme und drückte Ömi das Neugeborene gleich in den Arm.

Fünf jüngere Geschwister hat Ömi, und sie kann sich noch an jede Geburt erinnern, sagt sie: an Hugos, Friedas, Walthers, Antons und Herberts Geburt. Und an die von Hilde.

Hilde ist die Ehefrau von Herbert. Doch dass die beiden gleichzeitig auf die Welt gekommen sein sollen, das war uns allen neu.

»Doch doch, das weiß ich noch genau, wie die Hebamme rauskam mit dem Herbert und der Hilde auf dem Arm!«, sagte Ömi.

»Waren wohl Zwillinge, die beiden, oder, Mama?«, sagte mein Mann und blickte betont ernst.

»Kann schon sein, dass man das heute so nennt«, sagte Ömi und lächelte fein.

Manchmal, wenn wir sie besuchen, ist Ömi schon so müde, dass sie das Wichtigste (in ihren Augen zumindest) vergisst: die guten Manieren. Oder vielleicht genießt sie es auch, im Alter einfach alles tun und sagen zu können, was sie immer schon wollte.

Einmal hatte Markus, mein Schwager – der Mann von Claudia, der Schwester meines Mannes –, versprochen, bei Ömi Spargel zu kochen. Es war ein sonniger Frühsommertag, Markus hatte ein verwegenes Strohhütchen aufgesetzt, außerdem trägt er neuerdings das Haar länger und wirkt etwas verändert.

»Du siehst immer mehr aus wie der Volker Schröder«, sagte Ömi. Schröder war ihr alter Nachbar, der inzwischen längst im Seniorenheim lebt.

»Ach was?«, sagte Markus (der den Nachbarn gar nicht kannte) leichthin und wandte sich dem Spargel zu.

»Ja wirklich, als wärt ihr verwandt. Wie aus dem Gesicht geschnitten!«, betonte Ömi. »Das war ein schleimiger Kerl, dieser Schröder! So ein Unsympath! Und falsch wie eine Schlange.«

Was kann man darauf erwidern? Markus sagte, was er immer sagt: »Elsbeth, füttere den Hund bitte nicht. Sonst kotzt er wieder.«

Ömi hat nämlich schon einige Haustiere gemästet: Unter ihrer Pflege haben bereits einige Hunde und Katzen kugelförmige Ausmaße angenommen. Ömi meint das natürlich nicht böse, sondern liebevoll. Zuerst werden die Tiere bei ihr ein wenig träge, dann hängt der Bauch, irgendwann sind sie so fett, dass sie sich kaum noch rühren können, und dann ist's meist bald vorbei mit Gassi gehen, denn dazu sind die Tiere dann viel zu faul. Das Überfüttern von Haustieren hat in ihrer Familie bereits Tradition, laut Legende war seinerzeit schon der Dackel ihrer Mutter so dick, dass er mit dem Bauch den Boden aufwischen konnte.

Ömi hätte es vergangenen Sommer auch fast geschafft, unsere Zwerghasen, die wir ihr zur Pflege gebracht hatten, zum Platzen zu bringen: Unvorsichtigerweise hatte mein Sohn erwähnt, dass die beiden Feldsalat lieben. Und sie bekamen Feldsalat. Ömi holte ihn täglich frisch aus dem Supermarkt und verarbeitete ihn Blatt für Blatt. Bis Mümmel und Micki jede Essenszufuhr verweigerten. Ömi war untröstlich und rannte zu zwei unterschiedlichen Tierärzten. Sie wollte nicht einsehen, dass die Hasen einfach pappsatt waren.

Der Hund von Markus und Claudia und ihrem Sohn Moritz heißt Toni, er ist ein Retriever-Mischling aus dem Tierheim, und leider hat er einen empfindlichen Magen: Er verträgt nur ausgewiesenes Hundefutter, von allen anderen Nahrungsmitteln muss er spucken. Er übergibt sich in den Gang, aufs Sofa, neben Ömis Kachelofen und – regelmäßig nach Besuchen bei Ömi – in Markus' karamellfarbenen 1er-BMW. Der Geruch geht schon nicht mehr aus dem Auto raus, sagt Claudia.

Ömi allerdings hat bezüglich des Fütterns ihre ganz eigene Theorie: Sie denkt, Claudia und Markus füttern ihren Hund (und ihr Kind) viel zu wenig. Moritz allerdings kann sie nicht so einfach etwas zustecken, der ist ziemlich wählerisch. Toni dagegen frisst alles. Dadurch fühlt Ömi sich in ihrer Theorie, der Hund leide Hunger, bestätigt. Dass er später kotzt, blendet sie völlig aus.

Wenn wir gemeinsam beim Essen sitzen, hockt Toni immer erwartungsvoll neben Ömi. Da wandern dann unauffällig Würste und Klöße und Bratkartoffeln und

Salami und sogar ganze Marmeladenbrote nach unten.

»Ömi!«, ruft Markus dann aus. »Nicht! Der Hund verträgt doch kein Brot!«

Der Blick, den Ömi dann aufsetzt, ist unnachahmlich: Eine Mischung aus Unschuldslamm und »Dukannst-mich-mal!«.

Später gibt es Kuchen, da wirft sie Toni Makronen und Baiserhäubchen und Schokoglasuren runter, und einmal stellte sie das ganze Bleikristall-Schüsselchen voll fetter Schlagsahne unten auf den Teppich.

Das war dann zu viel für Markus. »Elsbeth, jetzt reicht's!«, sagte er, ziemlich laut. Meine Tochter zuckte zusammen. Später hörte ich sie in der Küche mit Markus debattieren: »Aber das ist eine ALTE FRAU!« Doch er ließ sich nicht beruhigen.

Weil Claudia und Markus daraufhin androhten, nie wieder zu Besuch zu kommen, füttert Ömi den Hund nun total unauffällig. Wahrscheinlich nutzt sie die Momente, in denen wir uns alle zuprosten, oder wenn jeder am Tisch gerade auf seinen Teller herabblickt. Es kommt aber trotzdem jedes Mal heraus, nämlich dann, wenn Toni kotzt: halbverdaute Salamischeiben, große Stücke Wiener Würstchen oder Weihnachtsgebäck. »Mir reißt noch mal der Geduldsfaden«, sagt Markus, wenn er die Sauerei wegwischt.

Was meinen Mann im Haus seiner Mutter zum Ausflippen bringen könnte, ist die Hitze. Ömi dreht immer ausnahmslos jede Heizung im Haus voll auf und wirft gleichzeitig so viel Brennholz in den Kachelofen, wie nur hineingeht. Nicht nur, weil sie selbst sonst frieren würde, sondern auch aus Angst, unsere Kinder könnten sich bei ihr eine Erkältung holen. Übrigens auch noch im April und im Mai. Oder im Juni, Juli, wenn es draußen nur ein wenig bedeckt ist. Das Ganze ist ein bisschen so wie das Überfüttern von Haustieren, nur in Grad Celsius: einfach zu viel.

Wenn wir das Haus betreten, kommt uns bereits ein Schwall warmer Luft entgegen, der Schweiß bricht uns aus den Poren, und mein Mann bekommt vor Ärger rote Wangen. Er ist es nämlich, der sich alljährlich um das Auffüllen des Heizöltanks kümmern und die Ladung außerdem bezahlen muss, denn Ömi sagt immer, sie habe zwar das große Haus, aber gar kein Geld.

»Mach jetzt bloß keinen Aufstand!«, raunen wir ihm zu, wenn wir Ömis Haus betreten: Wir kommen ja schließlich nicht zu Ömi, um sie zurechtzuweisen, sondern damit sie sich freut.

An der Garderobe ziehen wir dann nicht nur unsere Jacken aus, sondern meistens auch noch unsere Pullis und Blusen und laufen die ganze Zeit in T-Shirts oder Trägerhemdchen rum, und die Kinder streifen ihre Socken ab. Mein Mann, der zu viel Hitze im Haus einfach nicht erträgt, geht dann von Zimmer zu Zimmer und dreht die Heizkörper ab, aber wie durch ein Wunder stehen sie jedes Mal, wenn er wieder nachsieht, erneut auf Höchststufe. Manchmal stellt er sich einfach eine viertel Stunde kurzärmelig in den Garten, um runterzukühlen. »Ich packe das da drin einfach nicht!«, stöhnt er dann immer, wenn wir ihn holen kommen.

Was mich ganz verrückt macht, sind die Übernachtungen bei Ömi: Immer an Weihnachten, oft zu Ostern und manchmal auch zwischendrin übers Wochenende verabreden wir uns nämlich mit Claudia und ihrer Familie in Ömis Haus, zur Familienzusammenführung: Die Kinder wollen sich sehen und zusammen spielen, Ömi will die Kinder sehen, wir wollen, dass die Kinder ihre Oma oft genug sehen, und so weiter. Das ist natürlich wahnsinnig schön. Aber es macht einen auch völlig irre.

Am anstrengendsten ist für mich das Schlafen an sich. Es geht so los: Jedes Mal, wenn wir dort sind und Ömi geht zu Bett (meist gegen 19 Uhr 30), verabschiedet sie sich mit den gleichen Worten von mir: »Und du, liebe Doris, äh, ich meine Johanna, du schläfst dich morgen mal so richtig schön aus! Ich weiß doch, dass du morgens immer lang im Bett liegst!«

Das klingt nett. Misstrauisch macht einen dabei aber der Ton: Der klingt ein bisschen falsch. Dazu kommt, dass ich genau weiß, was Ömi von Menschen, die ausschlafen, hält: nicht so viel.

Außerdem ist die Aussage, ich würde morgens lange im Bett liegen, absolut falsch: Als Mutter zweier Schulkinder stehe ich notgedrungen jeden Tag um Viertel vor sieben auf und mache Frühstück und Pausenbrote. »Ja, ja, natürlich«, sagt Ömi und blickt mich an, als glaube sie mir kein einziges Wort.

Darum versuche ich nun schon seit Jahren, auch

bei ihr so früh wie gewohnt aufzustehen. Doch das ist gar nicht so einfach. Ömis Haus hat nämlich viel Platz, aber nur wenige Betten. Und wir können nicht einfach welche dazukaufen, das würde sie als zu große Einmischung in ihren Haushalt begreifen. Darum muss ich in ihrem Haus immer mit meinem kleinen Sohn in einem Bett schlafen, wobei der mittlerweile auch nicht mehr so klein ist, dass man dabei gut schlafen könnte, und außerdem rudert er im Schlaf mit Armen und Beinen.

Ab 3 Uhr 30 rumort es dann sowieso durchs Haus: Ömi ist wach. Und sie möchte, dass das auch bemerkt wird, gar nicht unbedingt von mir oder sonst einem Erwachsenen, sondern von den Kindern: Wenn wir bei Ömi schlafen, stehen die beiden jüngeren nämlich immer besonders früh auf, um zusammen zu spielen und gemeinsam mit Ömi »die Ruhe« zu genießen (das ist in dem Zusammenhang als relativ zu verstehen, denn sie machen dabei gehörig Krach).

Aber dazu muss Ömi die Jungs erst mal wecken, und sie kann ja schlecht um vier bei uns hereinschneien. Darum knallen bei Ömi »ganz zufällig« mitten in der Nacht die Türen im Luftzug, es ertönt unvermittelt das Lärmen der Radionachrichten, und der Staubsauger jault auf. Jedes Mal richtet sich mein Sohn auf und murmelt, er wolle raus, zu Ömi und Moritz.

Ungefähr zehnmal erkläre ich ihm, dass es noch mitten in der Nacht sei und Moritz längst noch nicht wach. Das klappt aber höchstens bis sechs Uhr früh, dann dampft er ab.

Aber ich muss dann einfach den verpassten Schlaf nachholen, und wenn ich schließlich, noch ganz zerstört, als Letzte unten beim Frühstück auftauche, ist es schon wieder viel zu spät.

Claudia nervt am allermeisten bei Ömi, dass sie sich nie helfen lässt: Um sie nicht zu belasten, kümmern wir uns nämlich in Ömis Haus ums Essen, denn sie sagt, sie schaffe das nicht mehr. Wir stimmen uns deshalb immer kurz telefonisch darüber ab, was es zu essen geben soll. Aber wenn wir dann ankommen, dann stellen wir oft fest, dass Ömi auch noch mal alles eingekauft hat. Deshalb stehen bei uns dann manchmal so viele Brötchen auf dem Frühstückstisch, dass sie nicht nur für uns acht, sondern locker für zwanzig Leute reichen würden. Und wenn wir abspülen wollen, müssen wir Ömi fast mit Gewalt aus der Küche scheuchen. Wenn wir aber nicht rechtzeitig spülen, sondern nach dem Essen erst mal ein paar Minuten verschnaufen wollen, dann ist es auch wieder nicht recht. »Eigentlich ist ihr nichts recht!« schimpft Claudia manchmal.

Das mit den doppelten Mengen an Lebensmitteln kann allerdings auch daran liegen, dass Ömi mit Mengenangaben und Zahlen auch schon manchmal überfordert ist. Unlängst beispielsweise meldeten sich ihre Schwester Frieda und deren Mann zum Weißwurstfrühstück an, und Ömi kaufte beim Metzger sage und schreibe zwölf Weißwürste ein – für drei Personen. Acht davon fand mein Mann ein paar Tage später verdorben im Kühlschrank und entsorgte sie im Müll.

Beim letzten Familientreffen bat Markus um etwas Alufolie, denn er wollte für Moritz ein wenig übrig gebliebenen Kuchen einpacken (bei Ömi bleibt immer Kuchen für uns übrig, so etwa eine bis zwei Torten pro Besuch). Markus kramte in der Speisekammer, dann hörten wir ihn prusten, und schließlich holte er uns (Ömi war gerade im Garten) in die Kammer, wo ein Schrank offen stand.

Er war voll mit Rollen von Aluminiumpapier, von ganz oben bis ganz unten, genug Aluminium, um den Flügel einer Boeing daraus zu gießen.

Der Schrank daneben übrigens war mit Plastiktüten gefüllt, allesamt ordentlich auf Kante gefaltet und gestapelt wie Leintücher im Wäscheschrank. Mein Mann kramte ein wenig darin herum, dann fand er ein paar Exemplare von Tchibo, Hertie, Karstadt und Ähnlichem aus den Sechzigerjahren. Die spannte er hinter Glas und hängte sie im Gang seines Büros auf: Bei Geschäftskunden in seiner Firma ist das mittlerweile die reinste Attraktion.

Meine Mutter kann auch nie etwas wegwerfen, selbst Dinge nicht, die sonst kein Mensch verwahrt. Dazu muss ich aber etwas ausholen:

Nachdem ich Mama immer öfter mit weißem Haaransatz angetroffen hatte und der, für sie untypisch, immer länger wurde, verriet sie mir endlich den Grund: Sie hatte kein Haarfärbemittel mehr. Das Produkt, das sie früher immer bei Rossmann kaufte, konnte sie nämlich nicht mehr holen, denn die Rossmann-Filiale in Mamas Nachbarschaft gab es nicht mehr. Andere Drogeriemärkte allerdings führten nicht das von Mama favorisierte Mittel.

»Dann kauf doch ein anderes Färbemittel. Oder, noch besser: Geh einfach zum Friseur!«, sagte ich.

Mama warf mir einen Kugelblitzblick zu: War ja klar, dass ich das Problem mal wieder nicht mal im Ansatz kapierte. »Und wer garantiert mir, dass ich auf andere Haarfärbemittel nicht allergisch reagiere?«

Mama hat zeit ihres Lebens noch keine einzige allergische Reaktion auf Haarfärbemittel gezeigt, allerdings: In den letzten Jahren leidet sie unter Haarausfall.

Es ist nicht so, dass sie eine Platte hätte, allerdings wächst das Haar an einer Stelle an ihrem Hinterkopf nicht länger als etwa zwei Zentimeter. Dort sieht das Haar aus wie abgeschnitten, nur, dass es nicht geschnitten wurde. Wobei Mama schon den wahnwitzigen Verdacht geäußert hat, jemand käme vielleicht regelmäßig nachts ins Haus, um ihr im Schlaf am Hinterkopf das Haar zu schneiden. Aber auf solche Geschichten lassen wir uns bei ihr gar nicht mehr ein.

»Das ist aber keine Allergie. Das ist eine androgenetische Allopezie Typ Ludwig Grad II. Und das weißt du ganz genau«, sagte ich. Das bedeutet: altersbedingter Haarausfall bei Frauen. Ich war nämlich mal deswegen mit ihr beim Hautarzt.

Trotzdem: Mama traut nicht Garnier, nicht L'Oréal, nicht Schwarzkopf und auch niemandem sonst, es soll unbedingt die bewährte Hausmarke von Rossmann sein. Also willigte ich ein, ein paar Packungen auf Vorrat in einer Filiale etwas weiter weg zu besorgen.

»Weißt du noch die Farbnummer?«, fragte ich, da nickte Mama und zog mich ins Bad.

Da standen sie, im großen Hängeschrank: dreizehn angebrochene Packungen von Mamas liebstem Haarfärbemittel, und in jedem Fläschchen war noch ein bisschen was drin.

»Du willst mir aber jetzt nicht sagen, dass du die Farbpasten mehrfach verwendet hast?!«, fragte ich entsetzt, aber irgendwie kannte ich die Antwort bereits. Hatte sie. Und zwar verfuhr sie schon seit den Sechzigerjahren so. Ein Wunder eigentlich, dass sie erst jetzt Haarausfall bekommen hat.

»Mir hat nie einer gesagt, dass man das nicht darf«, sagte Mama. Es steht nur in den Packungsbeilagen – ebenso wie der Hinweis, dass angebrochene Fläschchen mit Färbemittel nach Gebrauch sofort (!) entsorgt werden müssen, wegen Explosionsgefahr. »Hier, Mama, da steht's: WEGWERFEN! Sonst können die Fläschchen bersten! Mama, das Zeug geht noch mal hoch!«

Also packte ich alle dreizehn angebrochenen Färbemittelfläschchen in eine große Tüte, um sie nach unten in den Müll zu tragen, aber das war Mama auch wieder nicht recht. Denn was, wenn jemand rauskriegt, dass die Fläschchen von ihr sind, und sich beschwert? Oder wenn sie nun nach all den Jahren im Schrank doch noch explodieren? Oder wenn dies, oder wenn das …

»Und wenn dies, und wenn das! Die macht mich

noch wahnsinnig! Die macht mich verrückt! Die ist doch zum Ausflippen! Zum Aus-der-Haut-Fahren!«, regte ich mich zu Hause dann auf (und ignorierte Idas vorwurfsvollen Blick).

Aber es gibt auch Momente, da tut sie mir furchtbar leid. So wie an erwähntem Tag, als sie anrief, weil sie zum Zahnarzt musste. Die ganze Geschichte ging so:

Eines Morgens wachte Mama auf, da hatte sie zwei Zähne auf der Zunge. Das waren aber keine echten, sondern falsche, die sich irgendwie nachts gelöst hatten. Dies passierte an einem Freitag, doch da bekamen wir noch keinen Termin.

»Mama, tut's denn weh?«, fragte ich, und sie sagte: »Nein!« Na gut. Dann hatte das ja bis Montag Zeit.

Am Samstag rief ich an, und Mama ging es gut. »Wenn nur der Hunger nicht wäre!«, sagte sie. Und so stellte sich heraus, dass die beiden Zähne die Eckpfeiler eines Gebiss-Konstruktes waren, das durch ihr Fehlen nun locker war. Deswegen konnte sie gar nichts beißen.

»Mach dir doch eine Suppe!«, schlug ich vor.

»Das habe ich schon. Ich habe Haferflocken in Wasser aufgekocht und winzig kleine Stückchen Toastbrot darin aufgelöst. Mach dir keine Sorgen, alles kein Problem!«

Wasser-Haferflocken-Suppe mit Toastkrümeln?!? Sofort kochte ich zwei leckere, reichhaltige Gemüsecremesuppen, kaufte zudem einen Satz Frucht-Smoothies und schickte Ida wie Rotkäppchen damit zur kranken Großmutter. Und die war auch tatsächlich ganz gerührt.

Dann war Montag, und ich schaffte es sogar um zwanzig vor vier zu ihr, um sie wie verabredet zum Zahnarzt zu bringen. Wir fanden sofort einen Parkplatz, und es gab in der Straße nicht mal einen Radweg. Alles lief prima. Und wenn Mama die beiden Zähne, die sie in ein Tempotaschentuch gewickelt hatte, beim Wiederauswickeln im Behandlungsraum nicht heruntergefallen wären, wäre es ein Termin ganz ohne Stress und Probleme gewesen. Aber so war es auch nicht schlimm, denn die Zahnärztin und die zwei Sprechstundenhilfen und Mama und ich krochen lediglich fünf oder zehn Minuten auf dem Boden herum, und dann hatten wir die Zähne auch schon wieder gefunden.

»Wir kleben sie wieder an, und mit ein bisschen Glück hält alles wieder eine Zeit lang«, sagte die Zahnärztin.

»Und wenn nicht?«, fragte Mama. Winzig klein war sie, wie sie da saß, beziehungsweise lag, wie man heute auf Zahnarztliegen so liegt. Mit Panik in den Augen blickte sie umher, und ich hätte am liebsten ihre Hand gehalten. Aber das tut man beim Zahnarzt wohl nur bei Kindern. In diesem Moment kam sie mir allerdings vor wie ein Kind, wie eines meiner Kinder, als die noch kleiner waren.

Mama hatte zwar keine Angst vor Schmerzen und davor, dass der Zahnarzt bohrt, denn da nimmt sie sowieso eine Betäubungsspritze. Aber sie hatte Angst, dass das Kleben nicht ausreichen würde.

Dass sie ein aufwendiges neues Zahnkonstrukt brauchen könnte, dass sie zudem ständig zum Zahnarzt müsste, dass alles ewig dauern und schrecklich viel Geld kosten könnte. Sie hatte Angst vor allem, was man sich so vorstellen kann. Eigentlich hat Mama in letzter Zeit immer irgendwie Angst.

Ein paar Minuten später waren wir dann auch schon fertig, und ich hatte sogar noch Zeit, sie heimzufahren. Ich fühlte mich gut. Ich hatte mich prima um alles gekümmert. Keiner konnte mir etwas vorwerfen.

»Das ist gut, dass du mich fährst, denn zu Fuß dauert es genau neunzehn Minuten dorthin. Das ist ganz schön lang!«, sagte Mama im Wagen.

»Neunzehn Minuten, lustig – das hast du dir noch vom letzten Mal gemerkt, als du hier warst?«, fragte ich leichthin.

»Nein, ich bin den Weg abgegangen, am Freitag und am Samstag. Und am Sonntag sogar zweimal. Und es dauert bei mir immer ungefähr so lang!«

»Du bist den Weg abgegangen! Und am Sonntag sogar ZWEI MAL! Ich dachte, dir tun die Beine so weh!«

»Schon, aber ich wollte ja wissen, wie lange ich brauche, falls du nicht kommst!«

»Aber ich habe doch gesagt, dass ich komme!«

»Schon, aber ich wollte wissen, wie lange ich brauche, falls du trotzdem nicht kommst!«

»Aber du warst doch schon x-mal hier!«

»Schon. Aber ich wollte sichergehen.«

»Und dazu habe ich mir den ganzen Stress gemacht und die Kollegin eingespannt. Dabei kann sie locker auch zu Fuß hingehen!«, schäumte ich zu Hause. »Sie geht da ja öfter hin! Nämlich täglich! Oder manchmal sogar ZWEI MAL TÄGLICH!!! Und ich mach das ganze Büro mobil ...«

»Mami, beruhig dich«, sagte Ida. »Das ist eine ...«

»Ich weiß: EINE ALTE FRAU!« Dann kam mir ein Gedanke: »Was wirst du eigentlich tun, wenn ich alt bin? Wirst du dann auch so verständnisvoll sein, auch wenn ich nur noch nerve?«

»Das tust du doch jetzt schon«, sagte Ida und lachte.

Krankheit als Hobby

Als meine Mutter jünger war, hatte sie noch allerlei Interessen. Sie besuchte zum Beispiel gern Kunstausstellungen und Lesungen. Im Sommer ging sie täglich ins Schwimmbad – weniger zum Schwimmen als zum Sonnen. Sie interessierte sich für Mode und ging gern shoppen.

Für solche Dinge ist sie heute viel zu schlecht drauf. Sie hat jetzt ein anderes Hobby: Krankheiten. Sie investiert eine Menge Zeit darauf. Zum Beispiel schaut sie sich schon seit Jahren keine Spielfilme mehr im Fernsehen an, sondern fast nur noch Sendungen, in denen es um Krankheiten geht.

Leider ist es nicht so, dass Mama durch ihre intensive Beschäftigung mit Krankheiten zu einer Gesundheitsexpertin geworden wäre, sondern eher das Gegenteil ist der Fall: Sie scheint irgendwie gar nichts mitzunehmen außer so einer Art Gruseleffekt. Gesundheitssendungen sind für sie das Gleiche wie für andere Leute Horrorfilme. Schlimmer noch: Wer einen Horrorfilm sieht, etwa über Zombies, der fürchtet kaum, sich selbst in einen zu verwandeln. Doch wenn Mama von einer Krankheit hört, dann glaubt sie sofort, dass sie die auch bald bekommt.

»Stell dir vor, neulich habe ich eine Sendung gesehen, da haben sie einer Frau das Bein amputiert, und jetzt habe ich solche Angst, mir könnte das auch passieren!«

»Was du immer so im Fernsehen siehst! Kein Arzt amputiert irgendjemandem einfach so ein Bein!«, sagte ich. »Also beruhige dich, du darfst ganz sicher beide Beine behalten!«

Dann stellte sich heraus, dass die arme Frau ohne Bein, die im Fernsehen vorgestellt wurde, an schwerer Diabetes litt. Deswegen die Amputation.

»Du hast doch aber gar keine Diabetes!«, sagte ich.

»Äh – nein!«, gab meine Mutter zu. Aber sie wirkte nicht gerade beruhigt. Es gibt nämlich keine Entwarnung für sie. Es gibt grundsätzlich niemals eine Entwarnung, wenn es um alte Leute und Krankheiten geht: Denn was man noch nicht hat, das kann man ja noch kriegen.

Gesund ist Mama tatsächlich nicht. Sie hat Depressionen. Ein Symptom davon ist ihre Hypochondrie. Gut zehn Jahre lang hat Mama deswegen fast keine Familienfeier besucht und mich (und auch sonst niemanden) niemals zu Hause aufgesucht. Begründung: zu krank. Angeblich waren ihre Rückenschmerzen zu stark, um ausgehen zu können. Sie behauptete immer, sie müsse darum so viele Tabletten nehmen, dass sie Angst habe, sich zu vergiften. Das klang schon sehr besorgniserregend. Trotzdem war mir die ganze Zeit klar, dass sie fast täglich »heimlich« zum Bummeln in die Innenstadt ging, weil ihr das immer noch viel Spaß machte. Vielleicht hatte sie einfach keine Lust auf andere Menschen, und das war ja auch ihr gutes Recht.

Seit Mama Demenz hat, kann sie uns bezüglich ihrer Schmerzmittel aber nichts mehr vormachen. Sie kann keinem mehr etwas vormachen. Das klingt wie eine Redensart, aber ich meine es wörtlich: Wenn ich sie frage, wie viele Tabletten sie gegen die Schmerzen braucht, dann nennt sie die genaue Anzahl. Offenbar hat sie durch die Demenz das Schummeln verlernt. Da stellte sich dann heraus, dass die Schmerzen gar nicht so schlimm sein können, wie sie es immer dargestellt hatte: Tatsächlich helfen schon paar leichte Mittel dagegen.

»Hast du denn derzeit wieder Schmerzen in Rücken und Bein?«, frage ich beispielsweise.

»Und wie!«, sagt Mama.

»Brauchst du gerade Schmerzmittel?«, frage ich.

»Oh ja, ich nehme Paracetamol«, antwortet sie.

»Wie viele denn?«

»Unglaublich viele. Ich habe regelrecht Angst, mich zu vergiften.«

»Wie viele pro Tag?«

»Vor zwei Tagen habe ich eine Tablette genommen«, sagt Mama wahrheitsgemäß.

»Und das hat gereicht?«

»Ja, seitdem tut es nicht mehr weh!«

Na dann!

Mamas Demenz hat in diesem Stadium noch einen guten Nebeneffekt: Gehorsamkeit. Man muss nur sehr bestimmt auftreten, und sie tut, was man sagt.

Manchmal rufe ich jetzt also an und sage sehr energisch: »Morgen Mittag gehen wir alle zusammen mit dir in den Biergarten zum Essen. Ich hole dich um 13 Uhr ab!«

»Oh Gott, oh Gott!«, stöhnt Mama dann auf, in einem Tonfall, als habe man angekündigt, am nächsten Tag würde man sie zur Schlachtbank führen. Aber sie widerspricht nicht. Pünktlich sitzt sie fertig angezogen auf der Couch und wartet. Na gut: Wahrscheinlich sitzt sie schon seit vier Stunden so da, aber was soll's. Dann lässt sie sich ohne Gegenwehr zum Auto führen und zum Biergarten fahren. Und dann genießt sie auf Kommando den Tag und freut sich, mit der Familie und insbesondere den Enkeln zusammen zu sein.

Noch vor etwa einem Jahr war das nicht möglich, da musste man Mama grundsätzlich besuchen, wenn man sie sehen wollte oder sie uns. Gerade im Sommer ist es aber nicht immer angenehm, Mama in ihrer stickigen Wohnung zu besuchen. Besonders schwer ist es, die restliche Familie dazu zu bringen.

Es läuft ungefähr so ab:

»Heute müssten wir unbedingt mal wieder die Oma besuchen«, sage ich.

»Da fällt mir gerade ein, dass ich fest versprochen habe, einem Ex-Arbeitskollegen beim Umzug zu helfen. Und dann muss ich unbedingt noch ungeheuer viele Mails fürs Büro schreiben«, sagt mein Mann und ward den Rest des Tages nicht mehr gesehen.

»Ich kann jetzt auch gar nicht, bin zum Lernen

verabredet«, sagt meine Tochter und packt schon ihre Tasche.

Nur mein Sohn sitzt mit langem Gesicht da und weiß: Er kommt aus der Sache nicht raus. »Du darfst auch dort fernsehen«, tröste ich ihn dann, und er nickt ergeben und sagt: »Aber wir bleiben nur zwei Stunden! Auf keinen Fall länger!«

Es ist ja nicht so, dass die Kinder ihre Oma nicht mögen würden – es ist nur schwer, es im Sommer in ihrer Wohnung auszuhalten. In Omas Wohnung herrscht nämlich schon seit ein paar Jahren ewiger Winter: Die Fenster sind geschlossen, die Vorhänge zugezogen, die Stimmung grau in grau.

Vom Wohnzimmer aus geht eine Glastür auf Mamas Balkon, der ist nicht groß, aber auf der Südseite. Früher hat sie sich dort gesonnt, es gab eine Liege und Pflanzen. Irgendwann, vor sehr langer Zeit (kann sein, dass es noch die Achtzigerjahre waren), tropfte etwas Gießwasser von den Blumenkästen nach unten zu dem Nachbarn, der in der Erdgeschosswohnung lebte und der seinerseits gerade auf der Sonnenliege lag, und darüber war dieser kurz ein wenig ungehalten. Es war aber kein besonders großer Vorfall.

Der Mann von unten ist längst ausgezogen, zwei bis drei andere Mieter folgten, und heute weiß von uns keiner mehr, wie der damalige Nachbar aus dem Erdgeschoss überhaupt hieß. Auch Mama nicht. Nur: Seither betritt sie den Balkon nicht mehr. Es gibt keine Pflanzen mehr, sie sonnt sich nicht mehr. Ein paar Mal schon wollte meine Schwester Lisa die Sache in die Hand nehmen und einfach auf eigene Faust alles begrünen, damit Mama sich da draußen wieder wohlfühlte, aber Mama flippte bei dem Vorschlag regelrecht aus. So groß ist ihre Angst vor Ärger wegen Gießwasser – sogar mit Nachbarn, die längst ausgezogen sind.

Jedenfalls ist es total deprimierend, an einem Sommertag in Mamas Winterwohnung zu kommen, in den Schatten, wo die Luft steht und permanent der Fernseher läuft. Es ist immer wie ein Krankenbesuch, denn egal, zu welcher Tages- oder Nachtzeit man ankommt, und egal, ob sie Schmerzen hat oder nicht: Mama liegt auf dem Sofa.

»Wenn ich nicht auf dem Sofa liegen kann, tut mir der Rücken weh«, sagt sie. Ich denke aber, es ist eher umgekehrt. Jeder, der auch nur kurz auf diesem ausgeleierten Sofa herumliegen würde, müsste zwangsläufig Rückenschmerzen bekommen. Aber Mama lässt sich nicht davon abhalten, jeden Tag auf diesem alten beigefarbenen Cord-Ding zu verbringen. Und wir dürfen natürlich auch kein neues kaufen. So schicke Sofas wie dieses alte Monstrum werden heute nämlich gar nicht mehr hergestellt, findet Mama.

Wenn ich dann sage, sie bräuchte Bewegung, dann antwortet sie nur: »Aber ich bewege mich enorm. Jeden Tag gehe ich tausend Schritte!«

Das tut sie wirklich, es ist ihr Frühsport. Sie denkt, dass müsse genügen, um gesund zu bleiben: Sie geht immer vom Wohnzimmer ins Esszimmer und zurück, hin und her, auf Strümpfen, mit winzig kleinen, entschlossenen Schrittchen.

Tausend Schritte: Das klingt viel. »TAUSEND SCHRITTE (!!!) bin ich heute wieder gegangen«, rühmt sich meine Mutter mehrfach am Tag. »Ist das etwa nichts?«

Es ist nichts: Bei der Größe ihrer Schrittchen sind es vielleicht zweihundert Meter pro Tag. Das legt man auf der Straße in rund drei Minuten zurück. Aber das will sie mir nicht glauben. Sie denkt, tausend Schritte wären wahnsinnig viel.

Mama macht noch mehr merkwürdige Dinge, ich wage fast nicht zu gestehen, wie merkwürdig sie sind – regelrecht peinlich. Aber ich glaube, alle alten Leute tun höchst merkwürdige Dinge. Die jüngeren wissen es nur meistens nicht. Oft stellen sich die sonderbaren Verhaltensweisen nur durch Zufälle heraus.

Bei Mama waren es zum Beispiel die Schlafgewohnheiten: Wenn sie nicht ständig auf dem Sofa herumgelegen wäre, wäre ich kaum auf die Idee gekommen, genauer nachzufragen. So aber fand ich es heraus: Sie schläft gar nicht mehr in ihrem Bett in ihrem Schlafzimmer. Sie schläft auch nicht in meinem alten Kinderzimmer, wo sie oft bei meiner Tochter übernachtete, als die noch klein war und mitunter bei ihr über Nacht blieb. Sie schläft immer auf dem ausgeleierten alten Sofa, während der Fernseher läuft: Sie hat Angst davor, anderswo zu schlafen.

»Hier bin ich mittendrin im Leben«, sagt Mama und meint mit Leben: das TV-Programm. »Da fürchte ich mich nicht!«

Anscheinend fürchtet Mama nämlich allerhand: zum Beispiel den Warmwasserboiler.

Auch das kam nur durch einen Zufall heraus: Oft gehe ich morgens vor der Arbeit zum Schwimmen, das tut meinem Rücken gut (Rückenprobleme sind in unserer Familie genetisch bedingt). Eines Tages aber stand ich beim Schwimmbad vor verschlossener Tür: »Wegen Revision geschlossen«, stand auf einem Schild am Eingang. Ungeduscht und mit wirrem Haar wollte ich aber ungern weiterfahren und ins Büro gehen. Da kam ich auf die Idee, zum Duschen bei meiner Mutter haltzumachen, die unweit des Schwimmbads wohnt.

Es war ihr ein wenig unangenehm, das merkte ich gleich, und sie bot mir an, Wasser in einer Schüssel zu wärmen. Im Bad gäbe es schon seit einigen Jahren kein Warmwasser mehr. Mama hat Angst, der alte Boiler könnte unversehens einen Kurzschluss bekommen, deswegen lässt sie ihn ausgeschaltet. Ein Kurzschluss ist zwar noch nie vorgekommen, deswegen wollte ich das Gerät kurzerhand einschalten, aber da wurde sie so hysterisch, dass ich es bleiben ließ und kalt duschte.

Das war ein ziemlicher Schock am frühen Morgen, und ich hätte Mama derart durchblutungsfördernde Maßnahmen gar nicht zugetraut. »Respekt«, sagte ich deshalb, als ich fertig war.

Bis sich dann rausstellte, dass Mama auch schon lange nicht mehr duschte. Sie behauptet, sie käme nicht mehr über den Rand der Wanne. Deswegen wäscht sie sich »ganz gründlich von Kopf bis Fuß« mit einem Schwamm am Waschbecken. Kalt. Schon seit Jahren. »Das ist ja schlimmer als im Mittelalter!«, empörte ich mich, aber Mama tat, als höre sie nicht.

Ich habe ja schon erzählt, dass Mama ihre alten Haarfärbemittel teilweise jahrelang aufbewahrte. Es gibt (und gab) aber noch ein weiteres Problem beim Haarefärben: Sobald Mama schwitzt oder ein wenig in den Nieselregen kommt, tropfen immer dunkle Flecken aus ihrem frisch gefärbten Haar auf die Kleidung. Übrigens nicht nur in den ersten Tagen nach dem Färben, sondern wochenlang. Dabei schwor sie jahrelang, das Färbemittel wirklich gut auszuwaschen, so lange, bis das abfließende Wasser klar sei. Aber mit kaltem Wasser genügt das natürlich nicht.

»Darum färbt dein Haar immer ab!«, ging mir endlich ein Licht auf. »Du wäschst das Färbemittel mit eiskaltem Wasser aus!«

Die Antwort war ein besonders böser Kugelblitzblick: »Na und!«, sagte Mama. »Warm oder kalt – das ist doch wohl so was von egal!«

Aber das denke ich nicht, deswegen sagte ich: »Komm, Mama, plag dich doch in deinem Alter mit so etwas wie Haarefärben nicht herum. Wenn du willst, melde ich dich zum Friseur an!«

»Was soll ich denn beim Friseur?!«, war die Antwort. »Da kann ich ja nicht auf dem Sofa liegen. Ich muss aber auf dem Sofa liegen. Sonst tut mir der Rücken weh!« Und egal, was ich noch sagte: Es war hoffnungslos. Der Trick mit dem sehr bestimmten Befehlston funktioniert leider nicht immer.

Ängste sind natürlich ein Symptom von Depressionen. Auch Ömi hat so ihre merkwürdigen Ängste, und auch sie schon seit ziemlich langer Zeit. Zum

Beispiel badet sie seit ein paar Jahrzehnten nicht mehr im See.

Das wäre nicht besonders erwähnenswert, wenn der Badesee in ihrem Fall nicht direkt in Sichtweite ihres Hauses wäre. Ungefähr fünfzig Jahre ihres Lebens schwamm sie regelmäßig, täglich, jeden Sommer. Plötzlich, von einem Tag auf den anderen, war es damit vorbei. Es ist aber nicht so, dass sie plötzlich Angst hätte unterzugehen oder Ähnliches. Es ist ganz anders: Sie hat Angst, gesehen zu werden.

Nicht: im Badeanzug gesehen zu werden (das sei ihr egal, sagt sie), sondern überhaupt gesehen zu werden. Ömi war nämlich mal Stadträtin und darum in der Gemeinde eine bekannte Frau. Das hat Ömi damals aber nicht davon abgehalten, ihr ganz normales Leben zu leben und einfach im Sommer im Badesee schwimmen zu gehen. Doch ganz urplötzlich hörte sie damit auf. Sie hatte zum Beispiel Angst, von ehemaligen Angestellten ihrer alten Firma angesprochen zu werden, sagt sie.

»Manchmal wollten die Leute sogar Rechtstipps!«, beschwerte sie sich empört. Ömi war ja auch Personalrätin gewesen.

»Na und, dann gib ihnen doch Rechtstipps«, kommentierte mein Mann ihre Verweigerung. »Was hast du denn sonst schon den ganzen Tag zu tun!«

Aber Ömi wollte nicht mehr. Keiner sollte Ömi ansprechen, keiner. Ömi tat, als wäre sie Angelina Jolie und alle anderen Leute lästige Paparazzi, die sie auf Schritt und Tritt verfolgten.

Die Angst weitete sich dann noch aus: Als sie früher noch selbst Hunde hatte (erst den einen, der immer dicker wurde, dann den anderen, der immer dicker wurde), ging sie immer schon um fünf Uhr morgens mit ihnen raus: damit keiner sie sehen und belästigen konnte, wenn sie den Hund Gassi führte.

Sie begann außerdem, schon um sieben (oder noch früher) beim Bäcker zu stehen und schon kurz vor acht an der Tür vom Supermarkt, wenn außer ihr fast noch niemand da war. Nur, damit niemand sie sehen und ansprechen konnte. Und dann sitzt sie den Rest des Tages ohne Ansprache zu Hause und langweilt sich.

Mal abgesehen von einer Reihe alter Herrschaften gibt es gar nicht mehr so viele Leute, die Ömi noch als Stadträtin kannten, denn das ist schon Jahrzehnte her. Sie steht aber immer noch jeden Morgen schon ab etwa 6 Uhr 55 vor der Bäckerei, um bloß keine anderen Kunden zu treffen. Und sie geht nie hinunter zum Badesteg. Nicht einmal mit den Enkelkindern. »Ich habe ja nicht mal mehr einen Badeanzug!«, sagt sie oft voller Stolz, als handle es sich dabei um eine Auszeichnung: den Badeanzug-Verweigerungsorden!

Ich bin allerdings überzeugt, dass sie mittlerweile nicht auf das Baden im See verzichtet, weil sie Angst hat, erkannt und belästigt zu werden. Ich glaube eher, dass sie nicht baden geht, weil es passieren könnte, dass keiner sie mehr erkennt: Auch das kann Angst machen!

Mama hat mittlerweile vor so gut wie allem Angst: nicht nur vor dem Wasserboiler, sondern auch vor der Geschirrspülmaschine (sie spült deshalb von Hand), der Waschmaschine (sie wäscht auch von Hand) und dem Geldautomaten (sie holt ihr Geld am Bankschalter). Wahrscheinlich sitzt sie auch bald abends im Dunkeln, weil sie Angst vor dem Lichtschalter bekommt, und isst nur noch kalt, aus Furcht vor dem Herd. Oder sie isst nur lauwarm – weil sie sich nicht mehr traut, den Kühlschrank zu benutzen.

Die Ängste und Depressionen meiner Mutter schlagen dabei die merkwürdigsten Kapriolen: Einmal musste sie sich einer leichten Operation am Rücken unterziehen. Alles lief gut, gleich nach der Narkose wurde sie wieder auf die Beine gestellt und durfte die ersten Schritte tun, und nach vier Tagen sollte sie gemeinsam mit anderen frisch Operierten per Krankentransport in die Reha verfrachtet werden. Doch eines Tages traf ich sie in der Klink in heller Aufregung an: Alle dürften zur Reha, nur sie nicht. Das sei wieder mal typisch! Immer werde sie ungerecht behandelt, keiner kümmere sich richtig um sie.

Ich sofort zum Stationsarzt. »Ihre Mutter wollte gar nicht in die Reha«, sagte der. »Sie hat mich regelrecht angefleht, sie nicht dort hinzuschicken.«

Wie bitte?

Der Arzt zuckte die Schultern: »Ich habe ihr natürlich erklärt, dass sie zu Hause nicht so gut nachbetreut werden kann. Vielleicht können Sie noch mal mit ihr sprechen?«

Das tat ich, und allmählich kristallisierte sich heraus, was passiert war: »Herr Doktor, muss ich denn zu Reha?«, hatte Mama in ihrer üblichen, tieftraurigen Art gefragt.

Der Arzt: »Das wäre schon sehr wichtig!«
Mama (mit Grabesstimme): »Ja, aber MUSS es denn unbedingt sein?«
Arzt: »Also, da können Sie nun mal am besten von den Physiotherapeuten betreut werden.«
Mama (völlig down): »Aber geht es denn gar nicht anders?«
Arzt: »Nun, es wäre wirklich sehr wichtig für den Heilungserfolg!«
Mama, den Tränen nahe: »Kann man das denn gar nicht umgehen?«
Arzt: »Na gut, wenn Sie unbedingt wollen …«

»Ich hab doch nur mal gefragt!«, sagte Mama, als ich den Gesprächsablauf rekonstruiert hatte. »ER muss mir doch sagen, ob eine Reha nötig ist. ER muss doch wissen, ob ich wirklich eine Reha brauche, ER ist doch der Arzt …«

»Ja, ja, schon gut!«, sagte ich und nahm die Sache in die Hand.

Sie fuhr also in Reha, und sie hatte Glück: Es war die beste, schönste und beliebteste Reha-Klinik im ganzen Alpenvorland. Als ich sie besuchen kam, verstand ich sofort, warum: Der riesige Garten mit den lauschigen Schattenplätzchen war das reinste Blumenmeer, und von den großen Balkonen, über die jedes Zimmer verfügte, hatte man einen grandiosen Alpenblick.

Es war ein milder Spätsommertag, und ich dachte, dass meine Mutter sicher, wie alle anderen Patienten, irgendwo auf einer dieser hübschen Holzbänke im Schatten sitzen würde – wer weiß, vielleicht sogar mit einem Kurschatten neben sich.

Doch ich traf sie in ihrem Zimmer an, vor dem Fernseher: die Vorhänge zugezogen, die Beine hochgelegt.

»Warum gehst du denn nicht raus, wie alle anderen auch?«, wunderte ich mich.

»Ich habe Angst, das wäre schlecht für den Heilungserfolg«, sagte Mama.

»Verbietet es denn der Arzt?«, fragte ich.

»Nein, im Gegenteil. Aber ich traue mich nicht«, antwortete sie.

Das alles ist total krank. Tatsächlich, im Wortsinn: Angststörung ist der Fachterminus. Die Depressionen und ihre Erscheinungsformen sind nämlich ein Nebenprodukt von Mamas Demenz. Das hatte mir nur leider keiner erklärt, und auch in dem Faltblatt mit dem Titel »Die Alzheimer-Demenz«, das der Neurologe mir mal in die Hand gedrückt hatte, stand das so nicht drin (oder ich habe es im ersten Schock irgendwie überlesen).

Als ich Mamas Ängste vor dem Wasserboiler nun einmal erwähnte, schlug der Neurologe dann aber die Hände über dem Kopf zusammen und stöhnte: »Du liebe Güte! Warum sagen Sie denn nichts?!« Dann erhöhte er die Dosis von Mamas Antidepressiva. Jetzt warten wir nur noch darauf, dass sie endlich wirken, und das dauert schon ganz schön lang.

Zuerst wollte Mama die Antidepressiva gar nicht in höherer Dosierung nehmen. Im Gegenteil – sie wollte sie ganz absetzen. Weil sie Angst hat, natürlich. Sie fürchtet, abhängig von den Tabletten zu werden. Und überhaupt: »Ich verstehe nicht, was ich damit soll?!? Ich war noch nie in meinem Leben depressiv!«, behauptete sie.

»Nein, du warst immer schon die reinste Stimmungskanone!«, wollte ich gerade sagen – aber dann fiel mir eine andere Strategie ein:

»Keine Sorge wegen der Tabletten, ich habe selbst zwei Jahre lang Citalopram (so heißt ihr Medikament) genommen. Hat mir total gutgetan!«

Mama klappte vor Überraschung die Kinnlade herunter: »Du hast Psychopharmaka geschluckt? Aber warum denn in aller Welt?«

»Weil, weil … wegen der Wechseljahre! Außerdem schluckt doch heute die ganze Welt Psychopharmaka, das ist doch kein Problem!«

»Ich wusste gar nicht, dass du schon in den Wechseljahren bist. Bist du dafür nicht zu jung?«, fragte Mama (mit Zahlen und Ähnlichem kommt sie ja, wie gesagt, nach wie vor ganz gut klar).

»Ähm, ja, die Wechseljahre haben bei mir eben früh angefangen. Deswegen auch die Depressionen. Wahnsinns-Depressionen! Und jetzt: komplett weg! Dank Citalopram!«

»Na, wenn du meinst«, sagte Mama. »Dann mache ich das jetzt eben auch.« (Tatsächlich bin ich wirklich zu jung für die Wechseljahre, und Citalopram habe ich auch noch nie probiert. Aber vielleicht kommt das ja noch!)

Dass Mama grundsätzlich plötzlich nicht mehr so viele Tabletten schlucken will, liegt fraglos an der Ömi: Auch das hat die ihr eingeredet. »Immer diese Tabletten!«, stöhnt Ömi regelmäßig. »Tabletten sind nur gut, wenn man sie nicht nimmt!« Deswegen macht Mama sich plötzlich Sorgen, wenn sie welche schluckt.

Man muss sie anrufen und im Befehlston sagen: »Und jetzt musst du das nächste Voltaren gegen deine Rückenschmerzen nehmen!« Dann nimmt sie das nächste Voltaren. Drei Stunden später ruft sie an und fragt, ob sie in noch mal drei Stunden wieder ein Voltaren nehmen soll.

»Ja, Mama, dreimal am Tag. Ich habe es dir doch auf einen Zettel geschrieben!«

»Also noch ein Voltaren?«, fragt Mama.

»Ja, noch ein Voltaren!«

»Am Abend, oder?«

»Ja, genau!« (tiefes Durchatmen), »am Abend, wie gesagt!!!« Jetzt bloß nicht ausflippen, sie kann ja nichts dafür!

Mittlerweile schreibe ich eigentlich alles auf Zettel. Aber sie ruft mich dennoch an und fragt, ob sie die Zettel auch wirklich befolgen soll. Die Damen von der Medikamentenkontrolle sind in dieser Hinsicht keine Hilfe: Sie eignen sich nur für Dauer-Medikationen, nicht für kurzfristigere Tablettengaben.

Was Mama gut gegen Schmerzen im Bein hilft, sind außerdem Wärmflaschen. Nur gibt es leider keine mehr zu kaufen, sie sind einfach nicht mehr im Handel, sagt Mama. Werden weltweit nicht mehr hergestellt. Im Drogeriemarkt in Mamas Nachbarschaft jedenfalls waren keine mehr im Regal.

Sie sagte das nicht gleich, sondern erst, als sie rund zwei Jahre lang ohne ausgekommen war. Das heißt, nicht ganz ohne. Sie weiß sich schon noch zu helfen.

Mir war schon ein paar Mal aufgefallen, dass ständig die Plastikflasche mit dem Badezimmer-Kalkreiniger im Wohnzimmer auf dem Couchtisch stand. Aber nur unterbewusst hatte ich das irgendwie wahrgenommen. Wahrscheinlich dachte ich, meine Mutter würde wohl irgendwas saubermachen, und schenkte der Flasche keine weitere Beachtung.

Endlich kam es heraus: Der Badezimmer-Kalkreiniger war die Wärmflasche – Mama hat den leeren Putzmittelbehälter einfach immer mit warmem Wasser aufgefüllt und ihn sich, ganz kuschelig, unter die Decke gelegt!

Ich habe ihr dann gleich zwei große, hübsche, knallrote Wärmflaschen angeschafft, und dafür schloss sie mich liebevoll in die Arme und sagte, ganz gerührt: »Unglaublich! Das konntest nur du schaffen! Dabei gibt es die doch gar nicht mehr!« Manchmal ist es zum Weinen mit Mama, und das war so ein Moment.

Und manchmal ist es einfach nur zum Heulen.

Neulich zum Beispiel, da meldete sich ihre jüngere Schwester, die in Frankfurt lebt, und kündigte ihren Besuch an: Sie wollte gern ein paar Wochen bei meiner Mutter bleiben. Tante Gisi ist mittlerweile Witwe, und Mama ist ebenfalls alleinstehend, da hätten sie einander Gesellschaft leisten können.

»Ich habe ihr aber gesagt, sie kann unmöglich kommen!«

»Aber warum denn nicht?«, wunderte ich mich.

»Weil ich so krank bin. Gisi soll kommen, wenn es mir besser geht«, sagte Mama.

Das ist das Schreckliche: Schon seit Jahren denkt Mama, sie wäre furchtbar krank, und vergisst darüber das Leben. Dabei fehlt ihr eigentlich nicht viel: Sie hat keinen Krebs, keine Diabetes, nichts Unheilbares – sie hat nur die Rückenschmerzen und natürlich die Demenz, aber gerade diesbezüglich wird sich ihr Zustand kaum verbessern. Darum sollte sie Gisi lieber wiedersehen, solange sie sie noch erkennt.

»Weißt du, Mama, für dein Alter bis du doch ziemlich gesund. Und vielleicht kann Gisi in ein paar Jahren gar nicht mehr reisen. Vielleicht ist das sogar die letzte Möglichkeit, deine Schwester zu sehen, bevor ihr beide dafür zu alt seid«, sagte ich.

»Meinst du wirklich?«, sagte Mama und kaute auf ihrer Unterlippe. »Aber bei mir ist gar nicht überall aufgeräumt.«

»Bei Gisi ist auch nicht überall aufgeräumt«, behauptete ich. »Ist doch ganz egal!«

»Na gut, dann rufe ich sie noch mal an«, sagte Mama.

Sehr merkwürdig ist, dass Mama, die sich schon seit Jahrzehnten als schwer krank empfindet, ausgerechnet die Leiden, die sie tatsächlich hat, nie erwähnt: Bluthochdruck zum Beispiel. Dabei nimmt sie dagegen schon seit zwanzig Jahren Tabletten, das vielbesungene Captopril.

Aber wenn jemand (etwa in einer Klinik) sie danach fragt, ob sie Bluthochdruck hat, dann sagt sie immer: »Keineswegs. Mein Blutdruck ist immer eher zu niedrig als zu hoch, schon mein Leben lang!«

»Mama, hallo, natürlich hast du hohen Blutdruck, das musst du hier schon angeben. Deswegen nimmst du doch Captopril!«

»Das kann nicht sein: Ich messe jeden Tag, aber der Blutdruck ist nie zu hoch!«

»Ja, eben weil du doch Captopril nimmst. Und das nimmst du, weil du Bluthochdruck hast.«

»Das wüsste ich aber! Ich messe ja jeden Tag. Ich muss ja jeden Tag messen, sagt die Tremel, denn ich habe schließlich …«

»… Bluthochdruck! Deswegen musst du täglich messen! Deswegen nimmst du Captopril!«

»Hör ich zum ersten Mal! Wie kommst du nur darauf?!«, sagt meine Mutter und schickt mir einen bitterbösen Kugelblitz.

An solchen Tagen, da ist es mit ihr dann wieder nur noch zum Schreien!

Wenn Mama richtig zulangt …

Es ist nicht so, dass grundsätzlich alles schlechter wird. An manchen Tagen habe ich das Gefühl, Mama geht es sogar besser. Zum Beispiel isst sie im Restaurant wieder mit Messer und Gabel, so passiert am vergangenen Samstag: Es gab Ente.

Mama war allerdings schon satt, sie hatte gerade zu Hause Wurstbrote verspeist. Jedenfalls ging Ida ganz geduldig die Speisekarte mit ihr durch, und jedes Gericht erschien der Oma als »viel zu viel – das schaffe ich nie!«. Selbstredend käme auch niemals ein sogenannter »Seniorenteller« für sie infrage, eher noch würden wir unsere Oma beim Kindermenü »Pumuckl« zuschlagen sehen.

Aber endlich stieß Ida auf »Ein Viertel Ente mit kleinem Kartoffelknödel und Rotkohl«, da rief meine Mutter: »Das nehme ich! Das ist genau die richtige Menge!«

Dann kam das Bestellte, da war ich schon ein wenig nervös. Ganz unbegründet: Mit großer Selbstverständlichkeit griff Mama zu Messer und Gabel und säbelte mundgerechte Happen aus dem Enten-Viertel, als hätte sie niemals etwas anderes getan.

Sie steckte Stück für Stück in den Mund, verzog das Gesicht, säbelte und kaute. Und kaute.

»Zäh!«, sagte Mama, aber sie mampfte tapfer weiter.

Schließlich lag nur noch das Knochengerüst auf dem Teller, da sagte sie: »Also das war vielleicht ein Gummiadler. So ein zähes Hühnchen habe ich noch nie erlebt!«

»Aber Oma«, sagte Ida. »Das war kein Huhn. Du hast doch Ente bestellt!«

»Ende!?«, sagte meine Mutter, die falsch verstanden hatte. »Welches Ende? Ich hatte den Teil mit dem Bein!«

»Nein, Oma, Ente!«, sagte mein Sohn. »Ente! Der Wasservogel. Die schwimmen auf der Isar oder auf einem Teich!«

»Ja, ja, mein Schatz«, sagte Mama, die ja auch mit dem neuen Hörgerät nur siebzig Prozent hört: »Das ist schön! Viel Spaß!«

Bis auf die kleine Enttäuschung mit der falschen Geflügelsorte lief an jenem Tag also alles ganz glatt. Aber das hatten wir auch schon anders! Vor rund einem Jahr waren wir zum Beispiel mal mit Mama und Ömi gemeinsam beim Griechen. Das allein war an sich schon ein Problem. Nicht so sehr für Mama, die im Prinzip alles isst außer asiatisch (da schmeckt alles nach Duschgel, findet sie). Schwierig war das eher für meine Schwiegermutter, die sich verhält, als wären ihr alle Gerichte – abgesehen von einer Handvoll urbayerischer Speisen – vollkommen fremd. Sie tut so, als hätte sie gerade eine Zeitreise hinter sich, die sie von einem Alpendorf im neunzehnten Jahrhundert staunend mitten in eine kosmopolitische Großstadt der Neuzeit befördert hat. In Wahrheit bereiste sie schon in den Sechzigerjahren mit ihrem Ehemann die halbe Welt und hat ganz bestimmt nicht überall nur von Schweinsbraten mit Knödeln gelebt.

Dass wir beim Griechen landeten, lag an dem schönen Garten, aber beim Italiener ergeht es uns erfahrungsgemäß nicht besser. Ömi zupft mich in ausländischen Lokalen grundsätzlich am Ärmel und raunt: »Gibt es etwas, das man essen kann?!«

Zu dem Zeitpunkt vertrug Ömi kein Fleisch (zumindest gab sie das vor), deswegen schaute ich auf der Speisekarte in die Spalte mit den vegetarischen Gerichten: »Elsbeth, versuche es doch vielleicht mit dem Gemüseteller. Oder wie wäre es mit einem Bauernsalat? Oder Kartoffel-Zucchini-Auflauf?«

Ömi blickte unglücklich, und als die Kellnerin kam, tippte sie mit dem Finger einfach auf irgendwas. Also wurden es: Hackfleischbällchen mit Knoblauch-Dip.

»Das ist ja nur eine kleine Vorspeise. Vielleicht dazu noch einen Salat?«, fragte mein Mann, und seine Mutter zuckte zusammen.

»Salat? Ach, nein nein, bestimmt nicht!«, sagte sie, als hätte man ihr Schnecken angeboten oder Affenhirn.

»Warum denn nicht?«, fragte mein Mann, der schon wieder leicht rosa Wangen bekam. »Was ist denn daran so abwegig, einen Salat als Beilage zu essen. Alle Welt isst Salat als Beilage!«

»Ich hatte aber schon Salat, denk mal an!«, sagte meine Schwiegermutter im selben trotzigen Ton wie ihr Sohn.

»Ach, und wann soll das gewesen sein?«

Und so weiter und so fort.

So verging die erste Viertelstunde mit den üblichen Kabbeleien, und schließlich stand das Essen auf dem Tisch.

Wenn meine Mutter die Ömi und die ganze Familie trifft, dann ist sie immer ein wenig nervös. Und wenn Mama nervös ist, dann verwechselt sie leicht etwas. An jenem Tag war es die Sache mit den Tischmanieren: Irgendwo ganz hinten im Oberstübchen hatte sie offenbar noch was zum Thema Ellenbogen gespeichert. Nur wusste sie wohl nicht mehr so ganz, was man damit beim Essen tut (oder nicht tut). Und genau das tat sie dann. Nur falsch herum: Ellenbogen AUF den Tisch! Ganz selbstbewusst.

Es war nicht sehr viel Platz am Tisch, deshalb platzierte Mama ihre Ellenbogen notgedrungen ganz nah am Tellerrand. Dabei versuchte sie, mit dem Besteck zu hantieren. Es wirkte ziemlich verkrampft.

Das wäre alles halb so schlimm, wäre Ömi nicht dabei gewesen. Ömi ist in unserer Familie die Manieren-Polizei. Offenbar stammt sie in direkter Linie vom Knigge-Klan ab. Es ist sicher keine Übertreibung, wenn ich sage, dass Manieren für Ömi das Allerwichtigste auf der Welt sind.

Zum Glück schaute sie nicht auf Mama, denn sie hatte gerade Linus im Visier. Linus' Tischmanieren sind so lala. Manchmal denkt er daran, sich den Mund mit der Serviette statt mit dem Handrücken abzuwischen. Immerhin haben wir ihm mit Mühe und Not und unter Androhung von Höchststrafen das Aufstoßen abgewöhnen können. Ömi ist allerdings derart in Linus vernarrt, dass sie ihn durch eine rosafarbene Brille sieht: Alles, was dieser Junge tut, findet sie großartig.

»Heute wieder wie ein kleiner Gentleman«, himmelte sie ihn an. »So ist es recht!«

Mama versuchte mittlerweile zum dritten Mal, ein und dasselbe Fleischstück auf die Gabel zu spießen, doch kurz vor ihrem Mund löste es sich jedes Mal und plumpste zurück ins Zaziki. Offenbar konnte meine Mutter mit ihren aufgestützten Armen keinen so guten Hebel ausüben und die Gabel nicht tief genug ins Fleisch bohren. Da ließ sie es kurzerhand bleiben und packte ein ziemlich großes Stück Lammkotelett elegant mit zwei spitzen Fingern. Dicke Tropfen weißer Joghurtsauce klatschten zurück auf den Teller, als sie es zum Mund führte.

Wahrscheinlich trügt meine Erinnerung, denn es war viel zu laut im Restaurant, um das Tropfen der Sauce zu vernehmen, aber im Nachhinein kommt es mir vor, als wäre es ein unüberhörbares Geräusch gewesen: Platsch! Platsch! Platsch! Das Gespräch am Tisch war verstummt. Wie gebannt starrten wir alle auf Mama, die nun den Knochen abnagte, und keiner von uns wagte, ein Wort zu sagen oder sich auch nur zu räuspern, damit Ömi nichts merkte. Aber die war zum Glück immer noch damit beschäftigt, ihren

Enkelsohn anzuhimmeln. Und dann wurde ihr auf einmal schlecht, und sie wollte ganz schnell an die Luft: das Hackfleisch! Deshalb ist Mama bei jenem Essen sozusagen noch einmal davongekommen und genießt nach wie vor Ömis Freundschaft und Respekt.

Vielleicht hat Ömi es doch gesehen, aber irgendwie umgedeutet – so, wie sie aus unerfindlichen Gründen immer denkt, Linus hätte tolle Manieren. Gleichzeitig glaubt sie, Moritz, Linus' Cousin, hätte entsetzliche Manieren, was ebenso unbegründet ist. Allerdings ist es sicher nicht so, dass sie Moritz deshalb weniger mag: Sie vergöttert ihn ebenfalls. Trotzdem glaubt sie felsenfest, der eine Junge wäre ein kleiner Herr und der andere ein junger Rüpel. Und sie war schon dieser Meinung, als beide Jungs noch so winzig waren, dass sie gerade erst anfingen, alleine zu essen. Damals allerdings war Moritz etwas hinterher, ganz einfach, weil er sechs Monate jünger ist als Linus. Vielleicht ist das der Grund für Ömis Vorurteil: Wenn sie sich über irgendetwas eine Meinung bildet, dann bleibt sie dabei – komme, was da wolle.

Mitunter treibt Ömis Manieren-Fimmel die sonderbarsten Blüten. Zum Beispiel hält Omi es für unfein, wenn beim Essen Flaschen auf dem Tisch stehen. Ich selbst bin mir gar nicht sicher, ob das tatsächlich gegen die Etikette verstößt, aber in Ömis Haushalt gilt es als unumstößliches Gesetz. Allerdings ist es nicht etwa so, dass meine Schwiegermutter überall neben dem Esstisch Weinkühler oder Serviertischchen für die Flaschen stehen hat. Es ist bei ihr dagegen üblich, angebrochene Flaschen grundsätzlich nebenan in der Küche zu verwahren. Und so kommt es permanent vor, dass bei einem Familienessen eine, zwei oder sogar drei Personen gleichzeitig aufstehen, um Wasser- oder Saftflaschen zum Nachschenken zu holen. Für mich persönlich sieht das nicht so sehr nach guten Manieren aus. Aber egal: ICH gehöre ja bei uns nicht zur Manieren-Polizei und mische mich lieber gar nicht erst ein.

Vielleicht hat Ömi ihre merkwürdigen Benimm-Regeln aber auch nur erfunden, um zu kaschieren, dass sie nicht so gern isst: Wenn wir dauernd in die Küche unterwegs sind, können wir nicht so gut beobachten, was am Tisch auf Ömis Teller geschieht. Nämlich gar nichts. Ihr Teller bleibt blank.

Lange Jahre war das eigentlich kein Problem, denn Ömi behauptete immer, sie würde durch ihr frühes Aufstehen eben auch früher Hunger bekommen und früher essen. Wahrscheinlich war es damals auch so.

»Isst du nicht mit?«, fragten wir zwar immer, aber es war eher eine rhetorische Frage.

»Ihr wisst ja …« sagte sie dann nur, und wir nickten bloß. Wenn sie sich tatsächlich etwas auftun ließ, dann landete es doch nur unter dem Tisch beim Hund.

Irgendwann fiel auf, dass Ömi immer dünner wurde. Sie konnte es zwar geschickt kaschieren und hüllte sich immer in diverse Hüllen von Kleidung:

Pullunder und Blusen und Schals und weite, schlabberige Strickjacken. Aber dann war es irgendwann nicht mehr zu übersehen. Manchmal witzelten wir, sie würde heimlich auf einer der einschlägigen Homepages mit magersüchtigen Teenagern chatten und dort um neue Tricks anfragen – aber Ömi hat gar keinen Computer.

Jedenfalls bekam sie dann urplötzlich eine ganze Reihe von Lebensmittelunverträglichkeiten: Mal hieß es, sie könne kein Fleisch essen. Dann wieder waren es Bananen, die ihr nicht bekamen. Oder alles Obst, das Säure beinhaltet. Oder Salat (zu grün), Kohl (zu treibend), Erbsen (siehe Kohl), Milchprodukte (keine Ahnung), Kartoffeln (zu viel Stärke) und so weiter. Ständig sprach sie von einer Liste, auf der alles notiert sei, was sie essen durfte. Oder ging es um das, was sie nicht essen durfte? Das wurde nie recht klar, die Angaben widersprachen sich ständig, und besagte Liste bekam nie jemand zu Gesicht.

»Aber was kannst du denn jetzt überhaupt noch essen?! Irgendwas muss es doch geben, was du noch verträgst?«, fragte ich eines Tages.

Da dachte sie lange nach und antwortete: »Grießbrei. Grießbrei vertrage ich gut.«

»Deine Mutter verlädt uns doch total, hast du das nicht gemerkt?«, fragte ich daraufhin meinen Mann.

»Wieso, es kann doch sein, dass Grießbrei ihr bekommt. Wenigstens etwas!«

»Aber sie verträgt doch angeblich überhaupt keine Milch!«, sagte ich.

»Und?!«, sagte er.

»Na, was denkst du denn, woraus Grießbrei zu 95 Prozent besteht?«

Erst da ging ihm endlich ein Licht auf. Aber es half nichts: Ömi mochte immer noch rein gar nichts essen.

Obwohl sie selbst kein Fleisch verzehrte, kochte und briet sie große Mengen davon für uns und konnte es nicht nachvollziehen, wenn andere Leute keines wollten. Kein Fleisch zu essen, erschien ihr offenbar als grundsätzlich verdreht – außer bei ihr selbst.

Ungünstigerweise war mal wieder ich es, die diesbezüglich aus der Rolle fiel: Etwa ein Jahr lang mochte ich kein Fleisch. Ich hatte, eher zufällig, ein paar Bücher und Sendungen zum Thema Massentierhaltung konsumiert, und da war mir irgendwie der Appetit darauf vergangen, aber ich habe nie versucht, irgendjemanden zu missionieren oder den Kindern vorzuschreiben, im Restaurant kein Fleisch zu bestellen. Ich mochte nur einfach selbst keines essen und es auch nicht zubereiten.

Ömi, ausgerechnet Ömi, die selbst schon länger kein Fleisch gegessen hatte, war empört. So sehr, dass sie sich noch nicht mal einen Kommentar verkneifen konnte: »Aber Linus und Andreas wollen unbedingt zweimal am Tag Fleisch auf dem Teller sehen!« Das war erfunden. Gerade Linus mag Fleisch gar nicht so. Der große Fleischfan bei uns ist Ida. Doch das passt wahrscheinlich nicht in Ömis Lebenseinstellung, laut derer es sich für Männer gehört, täglich große Fleischberge zu vertilgen, während Mädchen ruhig mal nur Gemüse knabbern dürfen.

Allerdings nicht zum Frühstück. Da muss Wurst gegessen werden: Leberwurst und Salami und Schinken und Speck und Frischwurstaufschnitt. Beim Metzger in der Nachbarschaft strahlen sie immer schon, wenn Ömi den Laden betritt. Doch nun wusste sie gar nicht mehr, was sie mir servieren sollte.

»Mach dir keine Sorgen, Johanna wird schon was finden, was sie essen kann«, beruhigte mein Mann Ömi am Telefon. »Sie kann sich einfach ein Marmeladenbrot streichen. Alles kein Problem!« Ömi aß selbst Marmeladenbrot zum Frühstück (wenn sie was aß).

Für mich aber kaufte sie Käse. Ungefähr vier Sorten Käse. Das war sehr nett, aber auch merkwürdig. Oma behandelte den Käse nämlich, als hätte sie selbst noch nie etwas Derartiges gegessen oder auch nur gesehen. Schon wie sie das Wort »Käse« aussprach, war sonderbar.

»Sieh mal, Johanna, dir habe ich extra, ähm: K-ä-s-e! gekauft.«

Dabei war es nicht mal außergewöhnlicher Käse, nichts Spezielles aus exotisch sortierten französischen Käse-Tempeln, sondern einfach ganz normaler Emmentaler, Camembert, Tilsiter. Aber Ömi tat, als wäre Käse eine neumodische Erfindung.

»Will sie mir weismachen, dass sie keinen Emmentaler kennt? Das kann doch nicht sein, dass deine Mutter mit 85 Jahren noch nie ein ganz stinknormales Brot mit Emmentaler darauf gegessen hat?! So was braucht sie mir nicht zu erzählen!«, echauffierte ich mich nach dem Besuch ein wenig.

»Ach, lass gut sein!«, sagte mein Mann. »Wenn

ich bei Ömi schon wegen so einer Kleinigkeit ausflippen würde, dann wäre ich längst durchgedreht!« Und da hat er natürlich recht.

Weil Ömi viel zu wenig isst, ruft er sie neuerdings täglich ungefähr fünf Mal an und fragt, ob sie etwas gegessen hat.

»Ja, ja!«, sagte Ömi zu Anfang.

»Jetzt lass mich doch mal in Frieden!«, sagte sie nach einigen Tagen.

»Du kannst mir mal den Buckel runterrutschen!!!«, schnauzte sie schließlich. Das war, als sie jede vornehme Zurückhaltung aufgegeben hatte und wirklich, wirklich entnervt war.

Das vormals sehr gute Verhältnis zwischen den beiden hat nämlich durch das Problem von Ömis Nahrungsverweigerung ziemlich gelitten. »Aber was soll ich machen?«, sagte mein Mann. »Ich kann sie doch nicht verhungern lassen!«

Zweimal die Woche fährt er höchstpersönlich hin (einmal davon übernachtet er auch dort), um zu kontrollieren, was sie isst. Er sieht sogar im Hausmüll nach und zählt die leeren Jogurtbecher ab.

»Es ist nicht so, dass sie gar nichts essen würde. Sie nimmt schon etwas zu sich, aber eben zu wenig«, sagt er. Und am allerwenigsten will sie sich vorschreiben lassen, wann sie zu essen hat.

»Ich esse, wenn ich Appetit habe! Ich bin doch kein kleines Kind!«, sagt sie. Und das ist genau der Knackpunkt: Manche alten Leute haben eben kaum Appetit. Deswegen sollten sie gut auf sich achten, oder aber andere müssen auf sie achten.

»Wenn man dabeisitzt, isst sie noch am ehesten«, berichtet mein Mann. Er kocht für sie Leberspätzlesuppe, Spaghetti mit Sauce oder Wiener mit Kartoffelsalat. Hausmannskost. Wenn er dabeisitzt, dann leert sich der Teller (jedenfalls, wenn er nicht allzu voll gewesen ist).

Mein Mann ist kein großer Koch, aber er gibt sein Bestes, um seine Mutter aufzupäppeln: Er macht gekaufte Lasagne im Ofen warm. Einmal bereitete er einen Thunfischsalat zu.

Der immerhin kam gut an. Seither gehört Thunfischsalat zu ihren Leibspeisen.

»Kannst du dir vorstellen, dass sie noch nie Thunfisch gegessen hatte?«, wunderte sich mein Mann. »Das kannte sie gar nicht!« Ja, ich konnte mir das schon vorstellen – Thunfisch war schließlich noch um einiges exotischer als Käse.

Trotz aller Maßnahmen: Ömi wird immer zarter und durchsichtiger. Und ausgetrockneter. Sie trinkt nämlich auch zu wenig. Bei jedem Besuch drücken wir ihr als Allererstes ein großes Glas Wasser in die Hand. Das hält sie dann krampfhaft in den Händen und fixiert uns über den Rand hinweg mit ihrem bösesten Blick.

»Ihr glaubt doch wohl nicht im Ernst, dass ich das trinke!«, sagt sie dann.

»Oh doch. Ich bleibe jetzt genau hier stehen und warte ab, bis das Glas leer ist!«, antwortet dann mein Mann.

»Na, viel Vergnügen. Da kannst du lange warten«, kontert Ömi.

»Gar nicht. Du trinkst das Glas nämlich jetzt aus, und zwar am besten in einem Zug!«

»Du kannst mir mal den Buckel runterrutschen!«

Und so weiter und so fort.

Weil sie nichts trinken will, malen die Kinder ihr solche Schilder wie die, die sie für meine Mutter angefertigt haben. Nur dass auf den Schildern für Ömi »Trinken, Trinken, Trinken« steht. Aber genauso wie bei Oma werden auch bei Ömi die mahnenden Schilder umgehend weggeräumt, wenn wir ihr den Rücken zukehren.

Wenig essen sei gar nicht so schlimm, wenig trinken aber regelrecht gefährlich, sagt Ömis Arzt, deshalb muss sie jetzt zweimal wöchentlich zur Infusion, dienstags und freitags. Die Ömi ist aber derart vielbeschäftigt, dass sie den Freitagstermin noch kein einziges Mal wahrnehmen konnte.

»Leider!«, flötet sie mit falschem Bedauern in der Stimme. »Da musste ich absagen – das hätte ich beim besten Willen nicht geschafft!« Wahrscheinlich war sie zu Hause so beschäftigt damit, nicht zu trinken und nicht zu essen, dass sie das Haus nicht verlassen konnte.

Auch der Dienstagstermin fällt oft aus. Einmal zum Beispiel hatte Ömi leichte Halsschmerzen. Da machte sie sich extra zurecht und ging den ganzen Weg bis zur Arztpraxis, um dort Bescheid zu sagen, dass sie wegen Halsschmerzen nicht könne.

Ein andermal rief sie an und sagte ab, weil es so heiß draußen war. Dabei wäre Hitze erst recht ein Grund, der für die Infusion sprechen würde.

»Ich frage mich oft, ob sie überhaupt noch in der Lage ist, alleine zu leben«, sagt mein Mann oft.

Tja, gute Frage. Ich persönlich finde nicht. Sie bräuchte dringend jemanden, der immer da ist und sie zu all den Dingen anhält, die sie alleine einfach nicht tut: Tabletten nehmen (und zwar die vom Arzt verordneten und nicht irgendwelche schon seit Jahren abgelaufenen Mittel). Zum Arzt gehen. Essen. Trinken.

Außerdem wäre Gesellschaft sicher gut. Ömi bekommt zwar viel Besuch – aber sie bräuchte jemanden, der sich richtig um sie kümmert. Aber selbstredend ist das Allerletzte, was sie möchte, dass sich jemand um sie kümmert. Eine Pflegerin jedenfalls würde sie hochkant rauswerfen, sagt sie. Deswegen wird mein Mann wohl in der nächsten Zeit weiterhin fünf Mal täglich bei ihr anrufen und fragen: »Was hast du gegessen? Was, nur ein halbes Toastbrot, den ganzen Tag? Aber wir haben doch schon vier Uhr Nachmittag! Wie, keinen Hunger? Geht das schon wieder los?!«

Dass Ömi noch nicht verhungert ist, spricht allerdings dafür, dass ein guter Teil der Essensverweigerung pure Show ist. Wahrscheinlich (nein, ganz sicher) isst sie doch irgendwie mehr, als sie zugibt. Sie will sich nur nichts vorschreiben lassen.

Das ist die größte Panik der alten Leute: Dass jemand kommt, der ihnen irgendwas vorschreibt, und dass sie ihre Souveränität verlieren. Dabei würden sie diese am längsten behalten, wenn sie sich wohldosiert ein wenig helfen lassen würden, damit sie fit bleiben.

Seit dem Schock, nun ein Fall für Pflegerinnen zu sein (auch wenn es dabei nur um die Medikamenteneinnahme geht), achtet immerhin meine Mutter höllisch auf sich: Schon seit einem Jahr notiert sie jedes Glas Wasser, das sie trinkt, auf einem ihrer typischen kleinen Zettelchen, die über und über mit winzigen Bleistiftstrichen versehen sind. Weiß der Himmel, welchem Ordnungssystem dieser Papierwust folgt und wie sie sich darin zurechtfindet, aber irgendwie funktioniert die Sache, denn der Notizenstapel wächst unablässig, und Mama war bis dato nie wieder dehydriert.

Offenbar isst sie auch wieder ausreichend. Zwar ist sie insgesamt schlanker als früher, aber sie gibt sich wohl große Mühe, keine Mahlzeiten mehr zu vergessen.

»Aber ist dir mal aufgefallen, was sie isst?«, fragte mich einmal Lisa, meine Schwester.

»Nö, eigentlich nicht!«

»Jedenfalls nichts Gesundes«, sagte Lisa, die es wissen muss.

Lisa arbeitet nicht weit von Mama entfernt in einem kleinen Yogastudio, das ihr zu zwanzig Prozent gehört. Sie sitzt dort am Empfang, außerdem macht sie Bürokram. Mittags schaut sie oft vorbei, um nach Mama zu sehen. Zum Beispiel, ob unsere Mutter auch genug zu sich nimmt.

Mama hingegen, die sich permanent Sorgen um Lisa macht (Mama hat keine genaue Vorstellung davon, was ein Yogastudio ganz genau ist), denkt, Lisa sei die Bedürftige von ihnen beiden und käme deshalb zu ihr. Sie hat Angst, Lisa verdiene nicht genug Geld und komme, um sich bei Mama den Bauch vollzuschlagen.

Es stimmt, dass meine Schwester mit ihrem Job nicht reich wird, hungern muss sie allerdings nicht. Mittlerweile sollte sie aber vielleicht mal ein wenig hungern, wenn sie weiterhin als Aushängeschild für das Yogazentrum fungieren will: Durch die Mittagessen mit Mama legt sie ganz schön zu.

»Was gab's denn heute?«, frage ich Mama manchmal am Telefon.

»Heute habe ich schöne, knusprige Pommes frites gemacht und dazu Nürnberger Würstchen und ein paar Spiegeleier gebraten!«, sagt Mama stolz.

»Mhm, da läuft einem ja das Wasser im Munde zusammen«, erwidere ich – ich weiß ja, dass Mama Ironie nicht mehr erkennt. »Hat es Lisa geschmeckt?« Lisa ist Vegetarierin, und zwar nicht nur vorübergehend wie ich, sondern dauerhaft, und das schon seit ihrer Jugend. Aber Mama hat das irgendwie immer noch nicht realisiert.

»Die hat ganz schön viel Pommes frites gegessen«, sagt meine Mutter. »Wahrscheinlich hatte sie mal wieder seit Tagen nichts Richtiges im Bauch!«

Beim nächsten Mal hatten Mama und Lisa zu Mittag wieder Pommes mit Eiern und Würstchen.

Und dann, zwei Tage später – Überraschung – erneut. Und tags darauf wieder!

Manchmal, wenn Lisa es gar nicht mehr aushält, geht sie selbst einkaufen und kocht bei Mama in der Küche: gesunde und vitaminreiche Kost. Mama besteht allerdings darauf, sich niemals von Lisa einladen zu lassen, sondern ihr die Kosten für die Lebensmittel zu erstatten, und dann beschwert sie sich, dass Lisa (die Discounter hasst) viel zu viel Geld für Lebensmittel ausgibt.

Das ist für meine Schwester wahrscheinlich noch nerviger. Deswegen lässt es Lisa meistens gut sein und stopft sich einfach einen Teller Pommes rein, um ihre Ruhe zu haben.

Dass Mama so isst, wie sie isst, ist auch Teil der Krankheit: Sie ernährt sich von typischer Demenz-Kost. Irgendwie vergessen die alten Leute ein wenig ihren Geschmackssinn und nehmen nur Dinge mit unüberschmeckbarem Aroma zu sich: derb und fettig.

Auf der anderen Seite ist Mama ganz stolz, dass sie noch selbst für sich kocht und keine Hilfe braucht, da wollen wir sie nicht bevormunden. Nur für die arme Lisa ist das mittlerweile schon ein kleines Problem, besonders um die Taille herum.

Als Ausgleich zu der fetten, vitaminarmen Kost bringen Lisa und ich oft Obst vorbei. Früher liebte unsere Mutter Obst. Heute liegen die meisten Früchte so lange im Obstkorb, bis sie vergammeln: Äpfel und Birnen sind Mama plötzlich grundsätzlich zu hart. Demente Menschen mögen gern weiche, gut kaubare Dinge.

Erdbeeren kamen aber auch nicht gut an: Mama tat so, als hätte sie noch nie welche gesehen, und das, obwohl sie kurz vor mir in ein und demselben Supermarkt gewesen war, aus dem ich ihr ein Pfund mitbrachte. Aber nach einem kurzen Überraschungseffekt war das Mitbringsel kein Erfolg: Mama kaute ziemlich lustlos auf den Erdbeeren herum und fand sie zu sauer.

Mittlerweile hat sie ihre eigene neue Lieblingssorte Obst entdeckt: Bananen. Jeden Tag mehrere Bananen. Schaden kann's nicht.

Zum Frühstück gibt es auch immer und immer das Gleiche: abgepackten Sandkuchen. Und zwar nur vom Billighersteller. Der schmeckt viel, viel besser, sagt sie. Meine Mutter ist nämlich der Meinung, teurere Dinge sind grundsätzlich schlechter. Kostet etwas ein paar Cent mehr, dann glaubt sie keine Sekunde lang, das läge an der besseren Qualität und an den hochwertigeren Zutaten, sondern sie denkt sofort: Betrug! Dagegen hat sie unbedingtes Vertrauen in alles, was absolut billig ist, das ist für sie das Kaufargument per se.

Aber das ist noch mal ein ganz anderes Thema. Mehr davon später im Kapitel »Rentenbezüge«.

Abschied von Papa

Ich kann mich nicht mehr genau erinnern, wann ich von Papas Krebserkrankung erfuhr. Nicht mehr an den Tag, nicht an die Stunde und nicht daran, was ich davor oder danach getan habe. Nur an die Jahreszeit: Es war im Winter 2009, am Telefon. Alles andere verschwimmt im Nebel.

Natürlich war die Nachricht ein Schock, aber sonderbarerweise keine Überraschung: Sie war nur die Konkretisierung einer Ahnung, das Wahrwerden einer Sorge. Schon länger gab es schlechte Blutwerte, über die Papa allerdings nie Konkretes verriet (zur Beunruhigung reichte es allemal). Dann der rätselhafte Verlust des Geschmackssinns und ein rapider Gewichtsverlust. Und schließlich die Gewissheit: daher also!

Lungenkrebs, das ist ein Leiden, von dem es keine Heilung gibt. Insgeheim hofft man natürlich trotzdem darauf, gegen jede Vernunft. Man weiß: Das geht nicht gut aus. Aber man denkt: Vielleicht ist ja trotzdem noch ganz viel Zeit. Vielleicht sogar so viel, dass der Erkrankte noch ein einigermaßen hohes Alter erreicht. Man denkt: Vielleicht halten die Medikamente den Krebs ewig in Schach. Und vielleicht ist der Tumor gar nicht besonders aggressiv oder ganz einfach zu operieren.

Um es vorwegzunehmen: Genau so war es nicht. Das Geschwür war nicht operabel, der Krebs war sehr kleinzellig, also äußerst aggressiv. Und tatsächlich blieb Papa nur noch wenig Zeit.

»Bis 78 wollte ich grundsätzlich eigentlich schon durchhalten«, sagte er in seiner pragmatischen Art an jenem Tag, als er die schlechte Nachricht überbrachte, am Telefon. 78 Jahre – das ist das Lebensalter, das Männer in Deutschland im Durchschnitt erreichen. In jenem Winter war Papa 75, es war noch vor seinem 76. Geburtstag im April.

»Ach was, du schaffst es ganz sicher noch viele Jahre mehr«, sagte ich und versuchte, irgendwie souverän zu klingen. »Krebs ist doch heute für die Medizin kein Problem mehr!«

»Ich mache jedenfalls alles mit, was die Ärzte verlangen«, sagte Papa, und das bedeutete von seiner Seite aus ganz schön viel. Papa hatte davor kaum etwas getan, was Ärzte verlangen.

Wenn ich an die Zeit, die dann folgte, zurückdenke, fallen mir zuallererst zwei Ereignisse ein, und zwar die beiden schlimmsten. Beim zweitschlimmsten war Papa schon seit gut sechs Monaten tot. Wir verbrachten Pfingsten in Kroatien, mein Mann, die Kinder und ich, eine Woche Kurzurlaub mit Freunden in einem kleinen Fischerort im Süden der istrischen Halbinsel. Während der Fahrt stellte ich beim Blick auf die Karte fest, dass der Urlaubsort, an dem meine Schwester Lisa und ich als Kinder mit den Eltern viele Male die Ferien verbracht hatten, nur dreißig Kilometer entfernt war. Was lag näher als ein kleiner Ausflug dorthin, um mal zu gucken, was sich verändert hat?

Er war sehr viel voller als damals in der Kindheit, regelrechte Touristenpulks pflügten sich ihren Weg durch das kleine Städtchen. Unser altes Hotel am Rande des Ortes sah aber noch ganz unverändert aus, nur dass jetzt unzählige weiße Plastikliegen die Wiese vor dem Meer, auf der wir als Kinder gespielt hatten, bedeckten. Viel zu entdecken gab es auf den ersten Blick nicht. Wir bummelten noch ein wenig umher und waren schon auf dem Rückweg zum Wagen. Da plötzlich sah ich es: ein leerstehendes Gebäude mit einem verwitterten Schild über der Tür.

Der Anblick traf mich bis ins Mark. Eine ganze Stunde verbrachte ich heulend auf den Stufen am Eingang, erst dann konnte ich mich allmählich so weit beruhigen, dass ich überhaupt etwas erklären konnte.

»Self Service«, stand auf dem Schild über dem Eingang – es war das alte Selbstbedienungsrestaurant. Vielleicht sogar das allererste Selbstbedienungsrestaurant in der ganzen Region, dem ganzen Land. Einst ein Symbol für Effektivität und kühnen Fortschritt. Ein großer, hoher, heller Raum, mit chromglänzenden Anrichten an den Seiten, mit blitzenden Förderbändern, dahinter strahlende Frauen in weißen Schürzen, das Haar unter Hauben – plötzlich fiel mir alles wieder ein.

Jahrzehntelang hatte ich die Existenz des Lokals völlig vergessen und nicht eine Sekunde daran gedacht. Es war ja auch ein Ort, den wir nur beiläufig besuchten – nicht etwa zu Hochzeiten oder anderen wichtigen Familienereignissen, sondern nur so nebenher, wie man es gemeinhin bei Selbstbedienungslokalen tut. Und trotzdem: Hier und nirgends sonst konnte ich plötzlich Papa genau vor mir sehen.

Es war mein junger Vater von einst, vielleicht 35 Jahre alt, gut aussehend mit blonder Tolle und schlanker, aufrechter Figur. Wir Mädchen hatten bunte Frotteekleider über unsere Badeanzüge gestreift, Mama lag derweilen auf ihrer Decke auf der Wiese am Meer, denn zu Mittag gönnte sie sich keinen Happen (wegen der Figur). Wir Kinder tollten den ganzen Weg um Papa herum und freuten uns: Im Self Service durfte man die Speisen betrachten, sie selbst auswählen und auf das Tablett stellen, darum liebten wir das Lokal und wollten täglich herkommen, und Papa, lachend, in bester Urlaubsstimmung, tat uns den Gefallen. Ich erinnere mich an Reis mit bunten Gemüsestückchen, an Kartoffelsalat mit dottergelber Mayonnaise, an rote Götterspeise, in der Pfirsichstückchen wie eingefroren schwebten. Wir durften wählen, was wir wollten, und wenn es uns dann doch nicht schmeckte, war das auch kein Problem. Bei Papa mussten wir nie aufessen, er war niemals streng damals, sondern jung und lässig. Er war ein Mann, der das Leben und die Zukunft noch vor sich hatte, souverän, erfolgreich, großzügig und ein liebevoller Vater. Damals vor langer, langer Zeit.

Nun stand ich vor dem verlassenen Lokal, und es erschien mir wie ein Symbol für alle Endlichkeit: Aus den Fugen der Terrassenfliesen wuchs büschelweise das Gras, die Glasfront war verschmiert und die Eingangstür schon lange verrammelt und mit verblichenen Plakaten bedeckt. Im Inneren aber, das konnte man durch die Fenster sehen, war alles Mobiliar noch vorhanden, als wäre gestern noch Betrieb gewesen: die Anrichten, die hohen, ungewöhnlich edlen Lampen, von denen die meisten noch ihre Schirme trugen. Sogar der Vorhang, lang und immer noch weiß – alles war noch da. Es war ein Ort der Zuversicht gewesen, das konnte man noch gut erkennen, ein Symbol für Modernität, lange vor unserer heutigen Zeit, in der Self Service nach billiger Fast-Food-Abfertigung klingt. Ein Palast aus einer fremd gewordenen Moderne, versunken in einer vergangenen Zeit, wie unsere Kindheit, wie Papas Leben, wie alles. Sogar der Name auf dem Schild kam mir nun symbolträchtig vor: Self Service! Als wäre das die Essenz des Daseins. Nur: Was auch immer man wählt (oder bekommt) – am Ende weht die Vergänglichkeit alles fort.

So grübelte ich jedenfalls an jenem Nachmittag und heulte und heulte, aber wahrscheinlich was es einfach der Moment, in dem es mir endlich völlig klar wurde: Papa ist tot!

Als er starb, war er von Mama ziemlich genau dreißig Jahre getrennt. Dreißig Jahre, in denen sie nicht auch nur ein einziges Wort wechselten. Dreißig Jahre, in denen sie ausschließlich schlecht übereinander redeten. Bei unabsichtlichen Treffen – es gab so einige, zumeist auf der Straße und in Arztpraxen, die beide frequentierten – sahen sie absichtlich weg und ignorierten einander. Auch sonst kümmerten sie sich überhaupt nicht umeinander, sondern lebten einfach jeder sein eigenes Leben. Sie hatten gar nichts mehr miteinander zu tun. Sie waren froh, einander los zu sein. Aber keiner von beiden hatte jemals wieder eine ernst zu nehmende Beziehung. Und als Papa starb, da wurde Mama auf einen Schlag alt. Darum kann ich nicht von meiner Mutter erzählen, ohne auch von meinem Vater zu sprechen.

Mama und Papa waren wie Richard Burton und Elizabeth Taylor. Sie waren grandios, charismatisch, umwerfend attraktiv, laut und überbordend, ungeheuer zärtlich, enorm eloquent, aber leider hochexplosiv und vollkommen unmöglich. Es knallte regelmäßig. Dann wurde Mama hysterisch und kreischte geschlagene sieben Tage heulend durch die Wohnung, rasend wie ein waidwundes Tier. Es war meine Schuld, alles nur meine Schuld, sagte Papa einmal, etwa 28 Jahre nach der Trennung, als ich anmerkte, Mama sei schon irgendwie schwierig. Es war das erste – und einzige – Mal, dass er das sagte, aber es klang, als habe er oft darüber nachgedacht.

Eigentlich waren sie ein Paar, das zu schön und zu großartig war, um wahr zu sein: Mama, Typ Diva, aber mit Grips und Hochschulabschluss (sie lernten sich beim Architekturstudium kennen), und Papa, der blendend aussehende Abenteurer.

Wenn ich alte Bilder ansehe, bin ich manchmal regelrecht berührt davon, wie schön meine Eltern waren. Papa sogar vielleicht noch etwas mehr als meine Mutter. Papa hatte grüne Augen und einen extrem vollen Mund, mit einer geschwungenen Oberlippe wie gemalt. Eine Nase wie bei einer alten römischen Statue und eine Haltung, so aufrecht und cool, dass es kaum auszuhalten war. Im Rückblick erscheinen sie mir illuminiert von gleißendem Licht wie von Scheinwerfern.

Papa jedenfalls baute Häuser, er war Architekt, er malte wundervoll, und alles, was er anfasste, geriet schön: sogar seine Handschrift. Ja, selbst der Inhalt seiner Briefe war wunderbar: Wenn er im Ausland arbeitete, schickte er seitenweise Reiseberichte in seiner gestochenen Schrift – witzige, farbenfrohe Beschreibungen, absolut ungewöhnlich für ein so technisches Naturell. Doch er war auch ein großer Leser und ein Weltentdecker: Er liebte das Meer, den Süden, die Berge, die Wüste. Er baute Schulen, Sportstadien, arbeitete im Ausland (besonders lange im Nahen Osten). Er feierte Triumphe und wurde gefeiert, arbeitete als Büroleiter und später im eigenen Betrieb. Doch manchmal ging er tagelang nicht zur Arbeit, stand nicht auf aus dem Bett, und Mama raufte sich die Haare. Er trank nämlich viel zu viel. Und er rauchte natürlich, so drei bis vier Schachteln am Tag.

Papa machte eine Menge Geld. Und dann machte er eine noch wesentlich größere Menge Schulden. Dafür konnte er nur zur Hälfte etwas, sagte Mama immer: Sein Projekt war nicht richtig versichert, das Gebäude vielleicht auch nicht richtig isoliert, ich weiß es nicht genau, keiner hat es uns Kindern je richtig erklärt, und heute erinnert sich keiner mehr richtig daran. Jedenfalls trat damals ein später, unvorhergesehener Frost ein, und alle Heizleitungen platzten, und alles ging kaputt: Böden, Wände, die kostbaren Antiquitäten der Bewohner. Am Schadensersatz zahlte Papa sein restliches Leben lang – das zumindest weiß ich gewiss. Nach dem Vorfall musste er kleinere Brötchen backen, aber das war für Mama okay. Sie war es, die die Gerichtsvollzieher in Schach hielt und die schließlich in den Stellenanzeigen der Zeitung einen neuen Job für Papa fand: ganz seriös bei der Stadt. Währenddessen fing sie als technische Zeichnerin an, Geld dazuzuverdienen. Ihr Architekturstudium lag damals schon zu weit zurück, um in diesem Beruf noch starten zu können. Doch Papa soff immer noch. Als ich etwa vierzehn war, warf sie ihn raus. Als ich siebzehn war, ging er endlich. In den drei Jahren dazwischen hauste Papa im Wohnzimmer auf der Couch, trank unglaublich viel und demolierte dann immer wieder Einrichtungsgegenstände. Ehrlich gesagt war die Einrichtung nicht das einzige Opfer seiner Gewaltattacken: Alkoholmissbrauch macht aggressiv, das weiß jeder, der je mit echten Alkoholikern in Berührung gekommen ist. Es war eine entsetzliche Zeit. Jedenfalls waren wir alle glücklich, als er endlich auszog.

Danach hatten wir gut fünfzehn Jahre lang keinerlei Kontakt. Ich dachte nicht einmal mehr an ihn, und wenn, dann nur mit Grausen. Zum neunzigsten Geburtstag meiner Großmutter sollten wir uns dann wiedersehen und in ihrem Altersheim gemeinsam mit der ganzen Familie feiern. Das wünschte sie sich. Und wer könnte einer so alten Frau schon einen Wunsch abschlagen?

In der Nacht vor dem Treffen konnte ich keinen Schlaf finden. Ungefähr hundert Mal beschloss ich, am nächsten Morgen abzusagen. Ich wollte Papa nicht treffen. Ich hatte einfach Angst vor ihm.

Der Mann, der mir dann begegnete, war ein anderer als der, den ich gekannt hatte. Er war nicht mehr aggressiv und aufgebracht. Er war auch nicht mehr umwerfend charismatisch und blendend gut aussehend. Er war nur noch ein sehr unsicherer, kleiner Herr. Papa war nämlich nur 1,78 groß und nicht zwei Meter, wie er mir als Kind immer erschienen war. Er machte sich die ganze einstündige Fahrt zum Altersheim seiner Mutter Sorgen, ob wir für seinen Wagen dort in der Nähe einen Parkplatz finden würden. »Mein« Papa (der von früher) hätte sein Auto einfach auf den Bürgersteig gestellt.

Am Steuer saß übrigens nicht er selbst, sondern Lisa, meine Schwester, die schon seit ein paar Jahren wieder Kontakt zu Papa hatte (nicht etwa, weil er sich darum bemüht hätte, sondern nachdem sie die Initiative ergriffen hatte). Papa konnte längere Fahrten nicht mehr allein bewältigen. Er war damals schon ein kranker Mann. Gleich in seinem allerersten Jahr als Rentner hatte er einen kleinen Schlaganfall gehabt, seither konnte er linksseitig nichts mehr sehen. Daher die Unsicherheit. Er mied volle Räume, Restaurants, Kneipen. Dabei war er gesellig, liebte es immer noch, auszugehen und zu feiern. Doch das ging erst mal nicht mehr. Eigentlich hätte er auch gar nicht mehr Auto fahren dürfen, doch in der Stadt konnte er es einfach nicht bleiben lassen, es war fast wie eine Sucht. Ursprünglich war sein Plan für die Zeit nach der Pensionierung gewesen, noch einmal ganz Europa hinter dem Steuer zu bereisen. Papa liebte Autoreisen. Nun musste er sich anders orientieren. Doch er jammerte nie und ignorierte alle Unpässlichkeiten, so gut es eben ging. Er war wahnsinnig tapfer – was Krankheiten angeht, war Papa das krasse Gegenteil von Mama.

Das Kalkül meiner alten Großmutter, die leider bald nach ihrem Neunzigsten verstarb, ging auf: Nach dem Treffen mit Papa näherten wir uns wieder an. Besonders froh war mein Vater, dass er nun Kontakt zu den Enkelkindern bekam, zu Ida und später zu Linus. Allerdings wurde das Verhältnis zwischen mir und ihm nie mehr so vertraut wie in der Kindheit. Es war nie wieder so wie vor der schlimmen Phase, als er aggressiv war und so besonders viel trank. Auch jetzt war mir klar, dass er das Trinken nie ganz würde sein lassen können. Weil die Distanz zwischen uns nun zu groß war, konnten wir uns beispielsweise niemals mehr umarmen. Wenn wir uns trafen, gab Papa mir die Hand, als wären wir entfernte Bekannte.

In einer Sache glich er Mama: Er überschüttete die Kinder mit Geschenken. Jedes Mal brachte er große Tüten voller Süßigkeiten mit, fast unglaubliche Mengen, auch Spielsachen, Malbücher, Puppen und Plüschtiere und bei Geburtstagen und an Weihnachten immer ziemlich viel Geld. Zweihundert, dreihundert Euro pro Kind, manchmal noch mehr, und für mich auch noch jedes Mal einige Hunderter. Es war mir, wegen dieser Distanz zwischen uns, irgendwie unangenehm. Doch Mama, bei der ich dies einmal erwähnte, fand, ich solle mich nicht so haben, schließlich habe Papa mich meine ganze Jugend hindurch null unterstützt, und das war natürlich wahr. Ich lernte also, mich über das Geld zu freuen, und auch darüber, wie er es überreichte: immer in besonders hübschen Karten, versehen mit sehr lieben Worten, die in seiner gestochen schönen Schrift verfasst waren.

Mit der Zeit fühlte ich mich dann mit Papa wieder wohler. Wir besuchten gemeinsam Biergärten und Gaststätten, öfter kam er zum Essen oder zum Kaffee zu uns nach Hause. Das Schönste war, dass er eine Menge Geschichten erzählte über uns und unsere Familie. Geschichten, die ich noch nicht kannte und die ich ohne ihn nie gehört hätte: darüber, wie glücklich er und Mama waren, als sie jung waren und wir Kinder noch klein. Oder dass seine Eltern sich in ihrer Jugend auf dem Münchener Oktoberfest kennengelernt hatten. Durch diese Familiengeschichten kamen wir uns näher.

Mit der Zeit ging es ihm auch körperlich wieder besser: Kurz nach dem kleinen Schlaganfall hielt er es in lauten Lokalen kaum aus, das Lesen strengte ihn außerdem sehr an (dabei war er immer ein leidenschaftlicher Leser gewesen), und wenn er uns besuchte, achtete er immer darauf, vor Anbruch der Dunkelheit nach Hause zu gehen, denn er fand sich sonst nicht mehr gut zurecht. Doch all das war schließlich gar kein Problem mehr. Es ging ihm wieder ganz gut.

Und dann kam der Krebs.

Die erste Chemotherapie lief relativ problemlos ab – wenn man das von einer Chemotherapie so sagen kann. Jedenfalls wurde sie ambulant verabreicht. Papa fühlte sich in der Zeit extrem schwach und appetitlos, aber er kam alleine zurecht. Die Ergebnisse waren ganz gut. »Es hat was gebracht!«, sagte Papa, und wir freuten uns. Sehen wollte er uns in der Zeit allerdings nicht. »Auf gar keinen Fall!«, sagte er, und dass er Angst habe, sich von den Kindern mit einem Infekt anzustecken. Das musste ich natürlich respektieren. Nicht mal zu Weihnachten wollte er uns treffen.

So richtig verbrachten wir das Weihnachtsfest nie miteinander, denn wir feiern schon seit Jahren bei Ömi, und Papa feierte mit Freunden. Doch den Dreiundzwanzigsten verbrachte Papa eigentlich all die Jahre bei uns: Er war dabei, wenn wir zu Hause den Christbaum aufstellten und mit den Kindern schmückten, dabei tranken wir Kaffee und aßen Plätzchen. Später kochte ich immer etwas zum Abendessen, und wir machten eine kleine Vorab-Bescherung, bei der Papa seine Geschenke bekam und die Kinder ihre Geschenke von ihm entgegennahmen. Wir mochten den Dreiundzwanzigsten. Für uns war dieser Tag ein Teil von Weihnachten geworden, und ihm ging es wohl auch so.

Doch nun wollte er lieber alleine zu Hause sein. Ich schickte ihm einen Einkaufstrolley nach Hause, damit er seine Einkäufe leichter erledigen konnte, denn er war ja so schwach, und einen großen Fresskorb, um seinen Appetit anzuregen, und er sandte Karten mit Geld, diesmal per Post.

Als ich das braune Kuvert öffnete, in dem die hübschen Grußkarten steckten, hätte ich fast geweint. Nicht nur wegen der Geste, sondern auch, weil mich der Geruch der Karten so traurig machte: Sie rochen so intensiv nach Nikotin, als bestünden sie aus Tabak. Das kam daher, dass sie wohl schon eine Weile in Papas Wohnung gelegen hatten, wo er mit dem Krebs kämpfte und gegen die Raucherei – und beides wohl vergeblich. Das war das Traurige daran.

In den letzten Jahren hatte Papa, anders als all die Jahre davor, nicht mehr Kette geraucht, sondern dauernd versucht aufzuhören. Aber es gelang ihm nie so recht. Wenn er bei uns zu Besuch war, schlich er immer ein paar Mal verschämt auf den Balkon und qualmte. Er sah dabei aus, als wäre es ihm peinlich, deswegen ging ich auch immer raus und rauchte ein paar Zigaretten mit. Aber ihm war es trotzdem peinlich, denn eigentlich hatte der Arzt ihm das Rauchen verboten, schon nach seinem Schlaganfall, lange vor dem Krebs, und er schämte sich, dass er es nie schaffte, ganz aufzuhören.

Nach der ersten Chemotherapie sagten die Ärzte, sie sei erfolgreich gewesen. Papa wurde wieder kräftiger, er verreiste sogar: Er fuhr mit einem Freund nach Südtirol, so wie er es alle Jahre im Frühjahr getan hatte. Als seine Haare wieder etwas nachgewachsen waren, kam er uns auch wieder besuchen: Er sah noch sehr zerbrechlich aus, aber er war ganz gut drauf.

Die Ergebnisse der nächsten Untersuchung aber waren verheerend: Offenbar war der Krebs gar nicht wirklich in Schach gehalten worden, denn nun waren plötzlich überall Metastasen. Nun reichte eine Chemo nicht aus – Papa brauchte dazu auch noch Bestrahlungen. Von beidem packte er nicht mal den ersten Zyklus, er war einfach zu schwach. Die Therapie musste abgebrochen werden, sonst wäre er wahrscheinlich auf der Stelle daran gestorben.

Plötzlich war der Krebs überall. Es gab Metastasen in den Knochen und im Gehirn. Er magerte völlig ab, sodass er aussah, als wäre er schon längst tot – wie eine Mumie. Er war sogar an Stellen mager, an denen man sonst nie abnimmt. Er hatte zum Beispiel keine Handballen mehr, alles Fleischige an den Händen war verschwunden. Seine Hände waren so schmal, dass es aussah, als würden die Finger direkt aus den Handgelenken wachsen.

Man kann es zusammenfassend nur so sagen: Alles war entsetzlich. Dazu kam, dass es Lisa und mir nicht immer leichtfiel, für Papa da zu sein. Papa – das war für uns natürlich der wunderbare Vater aus unserer Kindheit. Er war aber auch der böse Säufer aus den Jahren vor der Trennung von Mama, und er war der Vater, der sich jahrzehntelang keinen Deut um uns gekümmert hatte. Und in den letzten Jahren war er nur ein alter Herr aus der Verwandtschaft gewesen, zu dem wir ein eher distanziertes Verhältnis pflegten, so wie zu einem entfernten Onkel und nicht zum eigenen Vater.

Die Distanz machte es auch schwer, ihm bei alltäglichen Dingen zur Hand zu gehen. Manchmal kam ich beispielsweise zufällig zur Essenszeit ins Krankenhaus, und weil Papa oft so schwach war, dass er nicht selbstständig essen konnte, gingen die Schwestern automatisch davon aus, dass ich ihn füttern sollte. Natürlich tat ich das. Aber es war sehr schwer. Ich glaube, es wäre mir leichter gefallen, einen wildfremden Kranken zu füttern. Manchmal, wenn ich bei ihm im Krankenhaus saß, dachte ich: »Du an meiner Stelle würdest nicht für mich hier sitzen.« Ich weiß auch nicht wirklich, warum ich dort saß. Es kam ganz automatisch, als wäre es eben das, was in solch einer Situation zu tun ist.

Mama war rasend eifersüchtig auf Papas Lungenkrebs. Gegen eine tödliche Krankheit sah ihre Wirbelsäulenverkrümmung nämlich ziemlich läppisch aus (die Demenz war damals noch nicht diagnostiziert). Natürlich hätte sie nicht gerne Krebs gehabt, doch es war ganz schwierig für sie, nicht mehr die Allerkränkste in der Familie zu sein. Am Anfang sagte sie sogar, sie habe nicht das geringste Mitleid mit ihrem Ex-Mann. Nach und nach relativierte sie die Sache dann und erkundigte sich oft nach ihm, wobei sie aber nicht so richtig wissen wollte, wie es ihm geht, sondern eher, ob er sich darum sorgte, wie es ihr geht. »Hat er überhaupt mal nach mir gefragt?«, fragte sie dann immer. »Weiß er, dass ich solche argen Rückenprobleme habe?«

Tatsächlich erkundigte sich Papa in all den Jahren wirklich oft nach ihr, eigentlich bei jedem Treffen. Seine Worte lauteten dann immer in etwa so: »Wie geht's ihr denn, der alten Hex'?« Aber das behielten wir natürlich lieber für uns.

Nur auf eines war Mama wider Erwarten nicht eifersüchtig: darauf, dass wir uns oft um Papa kümmerten. Das fand sie okay. Vielleicht gab es ihr die Sicherheit, dass wir uns später auch mal um sie kümmern würden.

In vielen Punkten war Papa als kranker Mann genauso wie Mama: Er machte einem das Leben total schwer. Er wollte nicht die geringste Hilfsleistung annehmen und lehnte alle Formen von Pflege und Pflegeheim kategorisch ab. Im Krankenhaus können Pflegepatienten aber nicht lange bleiben, deswegen wollte das Klinikpersonal für ihn eine häusliche Pflege initiieren.

»Essen auf Rädern kommt mir nicht ins Haus!«, polterte er da. »Wenn ich morgen hier rauskomme, dann brate ich mir einen Schweinsbraten, und abends gibt's gefüllte Paprika. Der Kühlschrank ist ja voll!« Er war so überzeugend, dass sie ihn beinahe tatsächlich ohne jeden Helfer nach Hause gelassen hätten. Da wäre er dann wahrscheinlich gleich verhungert und verdurstet: Papa schaffte es damals schon nicht mal mehr alleine aufs Klo.

Also kamen Pfleger, dreimal täglich, doch immer nur ganz kurz. Die von der Kasse bewilligte Pflegezeit beträgt nur drei mal fünfzehn Minuten, und von Vollzeitpflege oder einem Heim wollte Papa nichts wissen. Wenn die Pfleger weg waren, lag Papa gekrümmt auf dem viel zu kleinen Sofa, in Jogginghosen und einer dicken Strickjacke, die Heizung voll aufgedreht, die Decke bis zum Kinn, und bibberte vor sich hin. Und keiner von uns konnte ihm so richtig helfen. Natürlich, wir brachten Zitronenlimo, weil das das Einzige war, was er trinken mochte, wir brachten die Zeitung, Obst, einen Rollator, Knabberzeug, Haltevorrichtungen für die Badewanne, einen erhöhten Klositz, Blumen, Duftkerzen, Hörspiele, eine Mikrowelle, alles Mögliche, aber wir waren trotzdem keine Hilfe. Wir konnten ihm nicht mal richtig helfen, wenn er aufstehen wollte: 1,78 Meter Körpergröße ist für einen Mann wie gesagt nicht viel – aber eben doch zu viel, um von einer wesentlich kleineren Frau gestützt zu werden, die nicht mal weiß, wie das eigentlich geht. Ich hatte Angst, er rutscht mir weg und bricht sich alle Knochen.

Immer, wenn ich seine Wohnung verließ, fürchtete ich, er würde noch in derselben Nacht sterben, eingewickelt in die alte Decke, auf seinem Ledersofa, unwürdig und jämmerlich.

Schließlich verursachten die Metastasen in seinem Gehirn einen heftigen epileptischen Anfall, und das war, so komisch es klingen mag, ein Riesenglück.

Papa kam wieder ins Krankenhaus, und dort verabreichten sie ihm gegen die Anfälle ein Mittel auf Cortison-Basis, davon bekam er richtig gute Laune, denn das Mittel wirkte wie ein Antidepressivum. Er bekam ordentlich Appetit! Und er bekam auf Initiative der Klinik-Sozialpädagogen einen Platz in einem Sterbehospiz. Weil er durch die Medikamente so gut drauf war, willigte er sogar ein.

Von da an wurde das Sterben für Papa schöner (wenn man das so sagen kann. Ich glaube, er hätte es auch so gesagt). Das nächste Mal schon besuchte ich ihn in einem Einzelzimmer, das größer war als sein Wohnzimmer, mit einer Fensterwand vor einem herrlichen Herbstgarten. Er saß aufrecht im Bett, sah gemütlich fern, aß Nusskuchen und trank Kaffee. Dann kam eine Schwester und holte mich, um einen Fragebogen mit mir durchzugehen.

»Raucht ihr Vater?«, war zum Beispiel eine der Fragen. Eine peinliche Frage, wie ich zunächst fand.

»Wissen Sie«, sagte ich ein wenig säuerlich. »Vielleicht haben Sie nicht in die Akte gesehen, aber mein Vater ist ja wegen seines Lungenkrebses hier. Er raucht jetzt natürlich nicht mehr …«

»Schon klar«, sagte die Schwester. »Aber wenn er rauchen möchte: Bei uns ist das den Patienten ausdrücklich erlaubt. Ich wollte Ihnen nur Bescheid sagen, dass wir nicht alle Marken vorrätig haben. Ich glaube, es sind nur noch R1 da.«

»Also, ich kann mir jetzt nicht so vorstellen, dass Papa in seinem Zustand … nun ja … obwohl?! Vielleicht sollten wir ihn mal fragen!«, sagte ich.

»Auf jeden Fall. Wenn er nämlich keine R1 mag, dann sollten Sie ihm die Marke mitbringen, die er gern raucht. Und wie ist es mit Alkohol?«

»Mag er eigentlich auch immer ganz gern«, sagte ich wahrheitsgemäß.

»Wir versuchen unseren Gästen hier den Aufenthalt so angenehm wie möglich zu machen«, sagte die Schwester. »Aber wir haben nur Wein und Bier im Haus, zum Essen, und einen Kräuterschnaps. Wenn ihr Vater irgendwas anderes trinken möchte, Sekt oder so, dann bringen Sie doch einfach welchen mit!«

»Meinen Sie wirklich? Verträgt er denn in seinem Zustand überhaupt Alkohol?«

»Na klar. Warum denn nicht?«, sagte sie.

»Dann kaufe ich ihm eine Flasche Whiskey«, sagte ich.

»Prima«, fand die Schwester. »Im Kühlfach in der Teeküche gleich nebenan finden Sie jederzeit Eis.«

Neben Alkohol und Zigaretten gab es im Hospiz Maniküre und Massagen, es gab nette ältere Damen, die zu viel Zeit hatten und ganze Nachmittage lang vorlasen, und kleine Konzerte. Es gab Palliativmedikamente (also zur Bekämpfung von Schmerzen bei unheilbaren Krankheiten), den großen Farbfernseher im Zimmer und hervorragendes Essen, serviert wie in einem guten Restaurant.

»Heute Abend hätten wir Entenbrust an Feldsalat mit Röstkartoffeln oder grüne Ravioli mit hausgemachtem Rucola-Pesto. Was darf ich bringen?«, fragte der Pfleger beispielsweise.

»Hm – da fällt die Wahl schwer!«, meinte Papa.

»Ich kann Ihnen auch einen Teller mit beiden Speisen anrichten lassen.«

»Das wäre natürlich toll!«, fand Papa.

»Sehr gern!«, meinte der Kellner – nein Pfleger. Aber es war wirklich alles wie in einem guten Hotel.

Überhaupt drehte sich bei Papa plötzlich alles nur noch ums Essen, er hatte einen Wahnsinns-Spaß daran und genoss es in vollen Zügen. Wir wussten natürlich, dass das eigentlich nur an dem cortisonhaltigen Mittel gegen die Anfälle lag, denn davor hatte er gar keinen Appetit mehr gehabt – aber egal. Hauptsache, es ging ihm gut. Das Essen im Hospiz reichte ihm nicht, er hatte auf alles Mögliche Appetit.

Er wünschte sich Butterbrezeln (die aß er immer zwischen Frühstück und Mittagessen), Mandarinen, Haselnuss-Schokolade (viele, viele Tafeln davon). Er wünschte sich Salzstangen. Ich brachte ihm eine Tüte, aber die wollte er nicht. Irgendwann kapierte ich schließlich, dass er die Art Salzstangen vermisste, die es früher beim Bäcker gab – die kleinen Weißbrotstangen mit Streusalz und Kümmel, die schon seit etwa vierzig Jahren nicht mehr verkauft werden.

Zu der Zeit war Papa schon nicht mehr in der Gegenwart unterwegs – jedenfalls nicht immer. Er machte offenbar eine Art Zeitreise und war nicht ganz präsent – ich weiß nicht, ob es an den Metastasen lag oder am Sterben generell.

Einmal bestellte er beispielsweise Rohrnudeln –

auch so ein Gebäck, das ich ganz vergessen hatte. »Die gibt's beim Rischart (das ist ein Café) am Marienplatz. Mein Gott, da wäre ich jetzt gern! Was gäbe ich darum, wenn ich da sein könnte«, sagte er.

»Was würdest du dort tun?«, fragte ich.

»Nichts«, sagte er. »Nur sitzen.«

Es war wahnsinnig traurig, aber auch schön, weil einem in solchen Situationen so viel klar wird über die Kostbarkeit der kleinen Dinge und über das Leben überhaupt. Ich bin sehr froh, dass Papa sich nicht schon davor in seiner Wohnung verabschiedet hat und dass wir die gemeinsame Zeit in dem Hospiz erlebten.

Natürlich wollte ich ihn sofort zu Rischart an den Marienplatz karren, aber so wollte er das auf keinen Fall, festgeschnallt im Rollstuhl und mit Infusionen am Arm. Aber die Rohrnudeln – die sollte er haben! Doch bei Rischart gab es gar keine mehr. Die junge Verkäuferin verstand überhaupt nicht, was das sein sollte, und holte schließlich eine ältere Kollegin, die uns erzählte, man habe dieses Gebäck schon seit vielen Jahren nicht mehr im Sortiment. Und ich konnte es auch sonst nirgends finden. Erst ein gutes Jahr nach Papas Tod kam ich mal zufällig an dem berühmten Café Schmalznudel am Viktualienmarkt vorbei, und da gab es sie, natürlich! Das hätte ich wissen müssen. Der Anblick der braunen, zuckerbestreuten Rohrnudeln versetzte mir einen regelrechten Stich. Wahrscheinlich werde ich demnächst mal in dieses Café gehen und ein paar verzehren, Papa zu Ehren.

Eine Zeit lang befand sich Papa mitten im Krieg: Er erzählte, er träume jede Nacht, er sei Bomberpilot im Zweiten Weltkrieg und werfe todbringende Fracht ab. »Schreckliche Albträume«, sagte er. »Ganz schrecklich. All die toten Menschen. Und diese Schuld!« Aber das waren keine selbst erlebten Episoden: Zum Ende des Krieges war Papa erst neun Jahre alt.

Er erzählte auch von seinem Hund, einem Foxl.

»Ich wusste gar nicht, dass du als Kind einen Hund hattest. Wie hieß denn dein Hund?«, fragte ich.

»Der Foxl? Der hieß Foxl!«

Plötzlich sprach er nur noch von einer Person: dem Franz. Der Franz hier, der Franz dort. Franz war ein Cousin, mit dem er aufgewachsen war, den er aber lange Jahre nicht gesehen hatte.

»Papa, soll ich dir den Franz vorbeischicken?«, fragte ich.

»Ach nein. Oder vielleicht doch. Doch, auf jeden Fall!«

Also machte ich mich auf die Suche nach meinem Onkel Franz und schickte ihn ins Hospiz. »Du, Franz, ich geh übern Jordan«, waren die ersten Worte, die Papa an ihn richtete, das erzählte mir später der Franz. Es blieb der einzige Hinweis darauf, dass Papa noch wusste, was los war. Wir sprachen nämlich nicht groß über das Sterben, denn das machte uns die Sache leichter.

Es kamen auch Freunde, Freundinnen, Ex-Kollegen, Nachbarinnen – wir hatten alle informiert, die zu seinem Kreis gehörten, und Papa hielt Hof im schicken Hospiz mit dem super Service, wie er sagte. Alle meinten, da wollten sie später, wenn es mal so weit sei, unbedingt auch hin.

Mittlerweile war Papa sogar wieder etwas kräftiger geworden, er lag nicht nur ausschließlich im Bett, sondern verbrachte auch immer einige Stunden am Tag sitzend auf einem großen, grünen Ohrensessel. Er aß weiter tüchtig, er sah sehr viel fern und er schäkerte mit den Schwestern, all den jungen Frauen, die den ganzen Tag um ihn herumwuselten, ihm die Heizung aufdrehten, warme Socken holten, Limonade, frisches Obst. Er genoss das, und das zeigte er auch. »Er ist unser Lieblingspatient«, schwärmten die Frauen.

Abends wurde es besonders kuschelig bei Papa im Zimmer: Ich holte ihm die Zigaretten, zündete ihm nacheinander ein paar an und schenkte den Whiskey ein, und wir prosteten uns zu. Am Anfang hatte ich ein wenig Angst, es könne ihm schlecht werden – er wog ja kaum noch was (trotz des vielen Essens). Aber keine Rede: Die erste Flasche war bald geleert.

Gedanklich steckte er zu dieser Zeit wieder im Dritten Reich. Eines Morgens kam ich vorbei, da grüßten alle Schwestern verhuscht und sahen mich und Papa komisch an. Eine von ihnen rückte schließlich mit der Sprache heraus.

»Gestern hat ihr Vater uns den ganzen Tag lang mit dem Hitlergruß gegrüßt. Und da haben wir uns gefragt, was er wohl früher in seinem Leben so getrieben hat!«

Da wäre ich vor Überraschung fast vom Stuhl gefallen.

»Aber er war bei Kriegsende doch noch ein Kind. Und außerdem war er immer links!« Papa war mit siebzehn der SPD beigetreten.

»Wir haben ihm jedenfalls gesagt, Hitler gibt's nicht mehr. Da sagte er: Gott sei Dank ist der endlich weg!«

Natürlich war nicht alles hundertprozentig positiv im Hospiz, das ist es ja nie. Einmal zum Beispiel sprach mich eine Frau von der Leitung an, Frau Marder, und sagte, dass wir mit Papa nun über seine Beerdigung sprechen sollten.

»Aber warum? Ich habe eher das Gefühl, mein Vater möchte sich jetzt eher mit schönen Dingen wie Essen und Trinken beschäftigen«, sagte ich. Wir waren gerade bei der zweiten Flasche Whiskey angelangt.

»Die meisten Patienten fühlen sich aber enorm erleichtert, wenn sie die Beerdigungsmodalitäten geregelt haben«, beharrte Frau Marder, aber da wurde ich regelrecht sauer:

»Noch ist unser Vater am Leben. Um die Beerdigung kümmern wir uns, wenn es so weit ist!«, sagte ich sehr bestimmt. Doch ich habe bis heute das ungute Gefühl, dass Frau Marder auch Papa Tag für Tag mit dem Beerdigungsthema auf die Nerven fiel.

Es gab noch etwas, was am Hospiz schrecklich war, und zwar ganz einfach, dass es ein Hospiz war: ein Ort zum Sterben. Die wunderbaren Pfleger und Pflegerinnen ließen einen dies zwar oft vergessen. Aber deswegen schockierte es mich immer umso mehr, wenn ich wieder einmal darauf gestoßen wurde.

Ich habe ja schon von dem schönen Herbstgarten vor Papas Fenster erzählt. Die Blätter hatten sich nun fast alle verfärbt und waren von den Bäumen gefallen, aber der Garten hatte nach wie vor etwas sehr Freundliches. Das lag auch an den bunt bemalten Isarkieseln, die rund um den Stamm einer Buche im Garten arrangiert waren. Linus bewunderte sie vom Fenster aus, er sah nirgendwo anders hin und wollte unbedingt selbst ein paar zu der Sammlung hinzufügen. Linus kam nicht gern mit zum Opa in seinem Sterbebett, nur zwei Mal ließ er sich dazu überreden, und er tat es mit einem Blick, als hätte er Todesangst vor dem Mann mit dem Mumiengesicht. Zwingen wollte ich ihn nicht. Auch Ida war nur zwei Mal dabei. Es war ihnen einfach zu viel, und das fand ich auch in Ordnung.

Jedenfalls wollte Linus nach dem Besuch unbedingt hinuntergehen und sich die bemalten Steine ansehen.

Es waren wirklich sehr viele Steine, und sie waren ganz unterschiedlich verziert: mit Blumen, Mustern, Aufklebern, kleinen Landschaftsbildern. Das Markanteste aber waren nicht die Bilder, sondern die Beschriftungen: Die Steine waren eine Art Grabsteine, bemalt von Menschen, deren Angehörige hier verstorben waren, und versehen mit Geburtsdatum und Todestag. Das traf uns beide wie ein Schlag. Da wollte Linus keinen Stein mehr bemalen.

Schließlich waren ungefähr drei Monate um, und Papa war immer noch da. Die Besuche bei ihm, jeden Tag oder mindestens jeden zweiten (Lisa und ich wechselten uns ab), gehörten fast schon zum ganz normalen Alltag. Seit Jahren, ja unser ganzes Erwachsenenleben lang, hatten Lisa und ich unseren Vater nicht so oft und so lange gesehen. Und wenn man sich an das Mumiengesicht und die dürren Arme gewöhnt hatte, war es einfach nur schön, ihn zu treffen. Es machte Spaß, mit ihm zu plaudern. Es wurde ganz normal, auch mal schweigend zusammen die TV-Nachrichten zu sehen. Es war lustig, zusammen zu essen und Whiskey zu trinken (wir waren bei der dritten Flasche). Es war eine schöne Zeit. Man kann sogar sagen, sie hat uns ein bisschen von unserem verlorenen Vater zurückgebracht. Die Distanz zwischen uns war jedenfalls ein gutes Stück geschmolzen.

»Und was macht eure Mutter so? Hat sie nicht mal nach mir gefragt?«, sagte Papa einmal ganz am Schluss eines Besuchs.

»Klar, die richtet doch dauernd Grüße aus, weißt du nicht mehr?« Das war ein bisschen gelogen, aber er merkte es nicht. Er war ja wegen der Metastasen etwas vergesslich.

»Soll ich sie dir schicken, so wie den Onkel Franz?«, fragte ich. Mama hätte sich sicher nicht geweigert.

Er überlegte kurz, aber dann wollte er lieber nicht: »Schon gut, lass es lieber sein, um Himmels willen! Das wird mir bloß zu anstrengend mit der alten Hex'!«

Jedenfalls: Es wurde immer netter und vertrauter mit Papa. Kein Wunder, dass wir immer öfter vergaßen, wozu er eigentlich da war. Man vergisst so was gern mal, betrügt sich selbst und sucht Gründe für Hoffnung. Eine Dame von der Krankenkasse, mit der ich einmal über die weitere Finanzierung des Hospizes reden musste, erzählte mir beispielsweise, sie habe auch immer wieder Fälle erlebt, wo Menschen bis zu zwei oder drei Jahren ganz fröhlich in solch einer Einrichtung weiterlebten. Und prompt dachte ich: Vielleicht passiert das bei Papa auch! Es ging ihm schließlich schon lange nicht mehr so gut!

Die Pflegerinnen und Pfleger glaubten langsam auch daran. Man hatte sich ja an Papa gewöhnt. »Ihr Vater ist schon drei Monate bei uns. Da kennt man sich und kann ein persönliches Verhältnis aufbauen«, sagte mal eine Schwester. »Die Leute, die gleichzeitig mit ihm eingewiesen worden sind, sind schon längst nicht mehr da.« Natürlich nicht, weil sie noch einmal kurz umgezogen sind, sondern weil sie tot sind. Das war wieder so ein Moment, in dem mir eiskalt bewusst wurde, wo ich eigentlich war: all die vielen Menschen, die ich hier während meiner Besuche gesehen hatte – die kleine Dame, die immer vorne am Fenster stand, ein alter Herr, der mit seiner Familie oft im Aufenthaltsraum Kaffee trank, die Patienten auf dem Gang und in der Kaffee-Küche, die im Gegensatz zu Papa noch nicht einmal bettlägerig und scheinbar noch viel munterer gewesen waren – alle tot. Und nur er, der Schwächste, lag noch lebend im Bett und trank Whiskey.

Darum fühlten wir uns dann ganz unvorbereitet, als Papa doch noch starb. Plötzlich wirkte er so abwesend, als horche er auf etwas, ganz weit entfernt. Er versuchte, sich nichts anmerken zu lassen, aber es war klar: Es ging ihm nicht gut.

»Ach was, keine Sorge, den lassen wir jetzt nicht gehen! Das ist vielleicht nur ein kleiner Schnupfen oder so«, sagte meine (und seine) Lieblingsschwester, eine nette, kurvige Frau mit niederbayerischem Akzent. Aber dann ging sie mit hinüber in sein Zimmer und war sofort alarmiert. Sie warf mir nur einen Blick zu, und alles war klar.

Aber er war zu diesem Zeitpunkt noch absolut ansprechbar, wir redeten mit ihm, er fror wie immer, er wollte eine Wärmflasche, er drehte sich zu der Pflegerin wie zu einer Sonne, und war geistig noch voll und ganz da.

Am nächsten Tag hatte sich das, was die Pflegerin gesehen hatte, noch verstärkt: Papa war nicht mehr ansprechbar – und er hatte keinen Mund mehr. Das klingt komisch, aber es war genau so. Die vollen Lippen wirkten wie eingesaugt, das ganze Gesicht war eine Grimasse, die jeder kennt: Es ist die verzerrte Mimik aus dem Bild »Der Schrei« von Edvard Munch. Das Gesicht des Todes, wie ich nun weiß. Die Pflegerin hatte es sofort erkannt.

Dann kam es, das Schlimmste, an was ich mich erinnere, wenn ich an Papas Tod denke: das Sterben selbst. »Ich bin da, Papa, ich bin da«, sagte ich, ich sagte es die ganze Zeit, aber es kam mir albern vor.

Es half ja nichts, ich konnte ja nichts tun, nichts verhindern oder aufhalten.

Er war noch da, aber irgendwie auch nicht. Er röchelte, die Atmung setzte aus, und dann röchelte er wieder, und so ging es eine lange, lange Zeit – keine Ahnung, wie lange genau.

Irgendwann kam ein Mann, ein Arzt, vielleicht ein Pfleger, und schickte mich heim.

»Das kann jetzt noch dauern«, sagte er. »Vielleicht zwei Tage. Vielleicht auch drei. Gehen Sie nach Hause zu Ihren Kindern. Morgen ist Weihnachten.«

Erst später, als Papa tot im Bett lag mit geschlossenen Augen und Christrosen in den gefalteten Händen, da war sein schöner voller Mund zurück. Darüber war ich sehr froh, denn ich wollte Papa gern noch einmal so sehen, wie er gewesen war. Er wurde 76 Jahre, acht Monate und acht Tage alt, aber er hätte gern noch ein paar Jährchen gehabt.

Lange hatte ich ein schlechtes Gewissen, weil ich auf den Pfleger oder Arzt gehört hatte und wirklich gegangen war. Aber mittlerweile ist mir klar, dass ich, als Papa starb, genau am richtigen Ort war: an dem perfekten Ort!

Als Papa starb, war ich zu Hause und schmückte mit den Kindern den Weihnachtsbaum. Und es war, als wäre er dabei. Ich schwöre, dass seine Anwesenheit ganz deutlich zu spüren war. Und ich spürte, dass er auch in Zukunft da sein würde, so wie er immer am 23. Dezember bei uns gewesen war. Das war sein Tag!

Als der Baum fertig war und die Kinder im Bett, zündete ich alle Kerzen darauf an und noch viele mehr: Teelichter und Leuchter und Kerzen in roten Glasbechern und alles, was ich finden konnte, bis der Raum strahlte und flackerte und sich ungeheuer aufheizte – es wurde so warm, wie er es gemocht hätte. Dann kam Lisa, und wir riefen Mama an und sprachen mit ihr die ganze Nacht, und weinten und lachten und tranken und hatten einen tieftraurigen und gleichzeitig wunderschönen Abend miteinander.

Doch danach war unsere Mutter nie wieder die Frau, die sie einmal gewesen war.

Von wegen Altersarmut!

Neulich gab es wieder Probleme mit Mamas Zähnen. Mama tat, in ihrer üblichen zurückhaltenden Art, natürlich wieder, als wäre die Angelegenheit mit das Schlimmste, was einem Menschen überhaupt widerfahren konnte, denn jetzt musste sie nicht nur erneut »DEN SCHRECKLICH WEITEN WEG« zur Zahnarztpraxis bewältigen und dort »EINE EWIGKEIT« im Wartezimmer herumsitzen. Nein: Sie konnte auch im Vorfeld »NICHT DAS GERINGSTE ESSEN« (das Gebiss war wieder locker).

»Dabei habe ich solchen Hunger!«, jammerte sie. »Aber pürierte Lebensmittel will ich nicht schon wieder. Wenn ich noch mal was Püriertes essen muss, dann übergebe ich mich. Oh Gott, was soll ich jetzt nur tun? Irgendwas muss ich doch essen! Und ich habe doch gerade schon wieder zwei Kilo abgenommen …« Dann brach sie in Tränen aus.

Mit anderen Worten: Sie stand mal wieder ganz knapp vor einem Nervenzusammenbruch, aber ich versuchte, sie so gut wie möglich zu beruhigen.

»Kein Grund zur Panik«, sagte ich, was mir mal wieder einen Kugelblitz-Blick bescherte. Aufforderungen wie »ganz ruhig«, »kein Grund zur Aufregung« oder eben »keine Panik« brachten Mama immer erst recht zur Weißglut, eigentlich wusste ich das. Sie fand nämlich, dass es sehr wohl ständig Gründe zur Panik gäbe.

»Jedenfalls rufe ich gleich morgen früh in der Praxis an und mache noch für den Vormittag einen Termin für dich aus. Dann hast du den ganzen Ärger schnellstmöglich hinter dir.«

Das beruhigte sie endlich ein klitzekleines bisschen.

Ich kümmerte mich also um einen Termin und rief am nächsten Morgen bei Mama an, um ihr mitzuteilen, dass sie tatsächlich gleich um elf Uhr drankommen könnte.

»Aber dann zahle ich die zehn Euro«, sagte Mama. »Und wenn ich bald wieder hinmuss, zahle ich wieder die zehn Euro!«

Erst verstand ich gar nicht, was sie meinte.

»Na, das Quartal ist doch fast zu Ende! Warum soll ich also jetzt im letzten Moment noch mal zehn Euro bezahlen«, erläuterte sie.

»Aber du wolltest doch unbedingt zum Zahnarzt. Außerdem ist das Quartal noch eine gute Woche lang nicht abgelaufen. Wir haben doch erst den Zweiundzwanzigsten!«

»Schon, aber wenn ich nun vielleicht neue Zähne brauchen sollte, weil man die alten vielleicht nicht mehr ankleben kann, und die Behandlung dauert länger – dann muss ich zwei Mal zehn Euro zahlen. Darum dachte ich mir, es wäre besser, wenn du den Termin wieder absagst.«

»Aber du kannst doch gar nichts mehr essen!«

»Ja, entsetzlich, oder? Ich kann nicht mal eine Banane essen. Ich kann ja gar nichts beißen. Dass mir das wieder passieren musste, immer mir …«

»Hast du etwa keine zehn Euro mehr?«

»Na hör mal!«, antwortete sie empört. »Natürlich habe ich zehn Euro!«

»Dann geh sofort zum Zahnarzt! Keine Widerrede!« Manchmal stand ich auch kurz vor einem Nervenzusammenbruch!

Es gibt eine Menge Rentner, für die sind zehn Euro eine Stange Geld. Für Mama sind zehn Euro einfach nur zehn Euro. Wohlhabend ist sie nicht (ihr Budget hätte zum Beispiel nie für eine richtige Altenpflegerin gereicht – auch nicht für eine aus dem früheren Ostblock). Doch sie hat genug Geld, um unter normalen Voraussetzungen bestens über die Runden zu kommen, und das, obwohl sie erst relativ spät in ihrem Leben berufstätig wurde. Sie investierte geschickt in eine zweite Rentenversicherung, weil sie wusste, dass ihre Grundrente schmal ausfallen würde. Sie hatte außerdem ein echtes Händchen, was Geld anging, sie spekulierte in den Achtzigerjahren sogar ein wenig an der Börse – ziemlich glückreich. Die Gewinne investierte sie später in ihre Eigentumswohnung, die sie übrigens länger schon abgezahlt hat. Jahrelang war sie deshalb (zu Recht) sehr stolz auf sich und betonte oft, dass sie ja zum Glück nicht zu den bedauernswerten Rentnern gehöre, die von Altersarmut betroffen sind.

Doch durch die Vergesslichkeit hat Mama nun

auch ihre finanzielle Sorglosigkeit eingebüßt. Sie lebt in ständiger Panik, das Geld könnte plötzlich von ihrem Konto verschwinden. Deswegen würde sie sich am liebsten jeden Tag Kontoauszüge ziehen, und ich bin sicher: Wenn sie es nicht in den Beinen hätte, dann würde sie das tatsächlich tun!

Es ist zwar nicht so, dass sie bereits mit Zahlen durcheinanderkäme. Wenn beispielsweise gerade 6 205,30 Euro auf ihrem Girokonto sind, dann weiß sie genau, dass es 6 205,30 Euro sind. Aber sie hat trotzdem immer Angst, das Geld könnte plötzlich irgendwie weg sein – einfach so verschwunden.

Von Papa bekam Mama all die Jahre ein bisschen Unterhalt. Als beide in Rente gingen, waren es aber nur noch hundert Euro. Darüber war Mama stinksauer, denn sie dachte, Papa schwimme im Geld (tatsächlich hatte er nur wenig mehr Rente als sie). Als Papa dann starb, war zunächst nicht klar, wie sich das nun auf Mamas Rentenansprüche auswirken würde.

»Da dachte ich: Ruf ich doch einfach meinen Scheidungsanwalt an und frage!«, sagte sie. Klingt logisch. Aber nur im allerersten Moment.

Die Kanzlei jedenfalls gab es noch, die Nummer stand im Telefonbuch, nur ihr Anwalt, der war nicht mehr da, und sein Kompagnon auch nicht, denn sie waren beide schon tot. »Stell dir vor: Dabei waren die beiden doch junge Männer!«, sagte Mama völlig bestürzt. Ja, damals, als Mama selbst auch noch jung war, waren sie das. Aber das ist lange her. Tja, manchmal kann Mama eben doch nicht mehr so richtig rechnen.

Es gibt anscheinend keine verbindliche Regel, ob geschiedene Frauen von Verstorbenen noch weiter etwas von deren Rente bekommen – das hängt vom Einzelfall ab. In Mamas Fall wurde die Zahlung der hundert Euro nach langwieriger Prüfung der Rentenanstalt eingestellt. Das konnte sie nicht verstehen.

»Aber in der Scheidungsvereinbarung steht, dass ich auch in der Rente weiter Anspruch auf Unterhalt habe.«

»Aber jetzt nicht mehr!«, sage ich.

»In den Papieren steht es aber: Ich habe nach der Scheidung Anspruch auf seine Rente …«

»Aber er hat keine Rente mehr! Tote beziehen keine Rente. Tote können keinen Unterhalt zahlen. Sieh es doch endlich ein!« Nein, das konnte sie unmöglich.

Sicherheitshalber spart Mama Geld. Weil sie außer Nahrungsmitteln nicht mehr viel konsumiert, spart sie eben beim Essen, und zwar nicht an der Menge, sondern am Preis. Sie kauft nur Billigprodukte: Billig-Marmelade, billiges Supermarkt-Hackfleisch, Billig-Margarine, abgepackte Billig-Salami. Ich habe schon lange nichts Appetitliches mehr in ihrem Kühlschrank gesehen. Am schlimmsten sind die Sandkuchen.

Seit einiger Zeit isst Mama gern Sandkuchen oder Marmorkuchen zum Frühstück. Es gibt abgepackte von Dr. Oetker, die sind nicht besonders lecker, aber sie schmecken ganz okay. Die kauft sie aber nicht, sondern sie nimmt die Spar-Variante: No-Name-

Sandkuchen für ungefähr 79 Cent die Packung. Schmeckt irgendwie chemisch, keiner von uns mag davon essen, obwohl Mama uns das dauernd anbietet: »Ich habe einen wunderbaren Kuchen im Haus!«, sagt sie immer, wenn wir vorbeikommen. »Wollt ihr nicht ein schönes Stück davon?« Aber darauf fallen nur noch fremde Gäste herein, die dann alleine an dem trockenen Chemie-Sandkuchen herumwürgen dürfen – wir tun das schon lange nicht mehr!

»Gönn dir doch mal was Gutes!«, sage ich oft zu Mama, aber sie sieht die Dinge anders: Für sie ist etwas Billiges »was Gutes«. Sie ist fest überzeugt, dass billige Produkte die besseren sind. Vielleicht kommt diese Haltung daher, dass früher die einfachen Sachen oft die besseren waren, zum Beispiel schlichte Hausmannskost aus wenigen Zutaten ohne viel Schnickschnack. Doch das ist überhaupt nicht übertragbar, finde ich.

Dennoch: Wenn etwas ein bisschen mehr kostet, dann glaubt Mama, das läge nicht an der besseren Qualität, sondern daran, dass die Hersteller Betrüger sind. Oder zumindest, dass man dabei nur unnötig Geld für den Markennamen berappt. Sie ist wirklich überzeugt, billig ist besser. Sie ist beispielsweise bereit, durch die halbe Stadt zu fahren, um zehn Packungen Seidenstrumpfsöckchen eines Billigherstellers à 49 Cent in einem weit entfernten Drogeriemarkt zu kaufen. Durch den Preis der Straßenbahnfahrkarten kosten die Söckchen insgesamt genauso viel wie die in dem Laden nebenan. Doch sie findet die billigen Söckchen einfach besser. Wo sie die abertausend Söckchen versteckt, die sie immerzu kauft, habe ich noch nicht herausgefunden. Wenn ich meine Mutter sehe, trägt sie tagein, tagaus ein und dasselbe Paar, ein vielfach geflicktes, dessen Oberfläche schon ganz aufgeraut ist vom häufigen Tragen.

Apropos verstecken: Es wäre schön, wenn Einbrecher jetzt nicht mehr weiterlesen würden. Mama versteckt zu Hause nämlich auch Geld.

Als sie sich damit abgefunden hatte, dass sie vergesslich wird, weihte sie mich in ihre Verstecke ein, damit das ganze Geld später mal nicht versehentlich weggeworfen wird (was definitiv passiert wäre).

»Komm mit!«, flüsterte sie, als wären Wanzen in der Wohnung angebracht. Es war sehr geheimnisvoll, wie ein Detektivspiel.

Wir schlichen ganz leise ins ehemalige Kinderzimmer, wo noch Lisas altes Klavier steht. Vor dem Klavier legte Mama sich plötzlich auf dem Teppichboden auf den Bauch, und ich tat es ihr nach. Zwischen dem Boden des Klaviers und dem Teppichboden kam ein sehr schmaler Spalt zum Vorschein. Mama machte ihre rechte Hand ganz flach und schob sie in diesen Spalt.

»Nein, hier nicht!«, sagte sie dann und wiederholte den Vorgang am anderen Ende des Klaviers. Endlich, nachdem sie sechs oder sieben Mal danach gefischt hatte, zog sie mit den Fingern eine Plastiktüte hervor: voller Geldscheine.

Danach führte sie mich in die Rumpelkammer und

kramte dort eine blaue Mülltüte heraus, die so aussah, als sei sie für die Altkleidersammlung gedacht. Das hätte mir gleich zu denken geben sollen: Mama gibt eigentlich nie etwas in die Altkleidersammlung. Die Tüte war nur eine Tarnung. Ganz unten, eingewickelt in ein dunkelblaues Blumenkleid aus den Achtzigerjahren und eine himmelblaue Jeans, war wieder ein Geldpäckchen. Außerdem gab es noch eines in einer leeren Semmelbrösel-Schachtel im Vorratsschrank, und dann war noch ein Umschlag mit Scheinen in einer Küchenschublade.

»Warum um Himmels willen bewahrst du denn so viel Geld zu Hause auf?«, fragte ich erschrocken.

»Damit ich immer was dahabe – auch am Wochenende«, sagte Mama.

»Aber du hast doch eine EC-Karte. Mit der kannst du doch auch am Wochenende Geld abheben.«

Das wusste Mama, aber es erschien ihr irgendwie zu unsicher, wer weiß warum. Die EC-Karte benutzte sie nur, um Bankauszüge zu holen. Ansonsten war auch sie sicher versteckt, auch in der Semmelbrösel-Schachtel, gleich neben dem Zettelchen mit der Geheimzahl. Mama macht es Räubern wirklich mehr als leicht.

Auch in ihrem Geldbeutel müssen grundsätzlich immer über tausend Euro stecken, sonst fühlt sie sich unsicher. Wenn sie zur Bank geht, dann nicht, um ein paar Hunderter zu holen, sondern immer gleich ein paar Tausender.

Sie ist schon seit den Sechzigerjahren bei derselben Bankfiliale, man kannte sie dort, zumindest bis unlängst. Mittlerweile ist nämlich die Letzte der Filialangestellten, die Mama noch von früher persönlich kannte, in Rente gegangen. Deshalb wurde meine Mutter neulich, als sie wieder einmal Geld abheben wollte (natürlich ohne EC-Karte), angesprochen, ob sie sich denn ausweisen könne. Leider war das nicht der Fall, und deswegen gab es auch nichts.

Da wurde Mama völlig panisch – das, wovor sie immer Angst gehabt hatte, war eingetroffen: Ihr Konto war voll, aber sie bekam einfach kein Geld!

Es war ganz schwer, sie an diesem Tag zu beruhigen und ihr zu erklären, dass niemand, weder ich noch Lisa noch sonst jemand, einfach so von der Bank Geld bekommt, und dass die Nennung der Kontonummer und die Unterschrift nun mal oft nicht ausreichen. Insgeheim verfluchte ich natürlich die Bankangestellten – glauben die denn, dass Greisinnen, die sich gerade so mit Müh und Not auf ihren alten Beinen in die Filiale schleppen, raffinierte Trickbetrügerinnen sind? Offenbar!

Jedenfalls nahm sie daraufhin Ausweis und EC-Karte mit in die Bank, und – oh Wunder: Das Geld sprudelte wieder.

»Na also«, sagte ich. »Wie viel hast du denn abgehoben?«

»Zweitausend«, sagte Mama.

»Wieso läufst du eigentlich immer mit so viel Geld herum? Hast du denn gar keine Angst, jemand könnte dir die Handtasche wegreißen und das Geld stehlen?«

»Nein, wieso?«, sagte Mama. »Wer soll schon auf

so eine Idee kommen?« Darauf antwortete ich lieber nicht.

So sparsam Mama mit sich selbst ist, so großzügig ist sie, was die Enkelkinder angeht. Das ist ein sehr liebenswerter Zug von ihr. Allerdings ist es manchmal ein bisschen schwer, sie dabei zu bremsen.

An Ostern und zu Nikolaus beispielsweise kauft sie ihnen immer »eine Kleinigkeit« zum Naschen. Bei ein paar Nikoläusen oder Osterhasen belässt sie es dabei nicht. Sie füllt immer gleich pro Kind eine ganze Geschenktüte.

Jeder kennt die typischen Geschenktaschen aus buntem Geschenkpapier mit einer Kordel als Griff. Im Laden habe ich sie allerdings immer nur in Größen von etwa DIN A4 (oder eben kleiner) gesehen. Mama scheint aber eine ganz spezielle Quelle zu haben, denn sie besorgt sich irgendwoher Geschenktüten, die so groß sind wie handelsübliche Einkaufsplastiktüten von Aldi oder Tengelmann. In dieser Größe besteht der Griff nicht mehr aus dünner Kordel, sondern aus einer dicken, sehr festen Schnur.

Diese Monster-Geschenktüten füllt Mama randvoll mit Schokolade, eine ganze für jedes Kind. Nicht mal Kinder mögen derart viel Schokolade essen. Wir versuchen dann immer, einen Teil zu Kuchenglasuren etc. zu verarbeiten, doch müsste man wöchentlich mehrere Kuchen backen, um diese Schokomengen aufzubrauchen, und das schaffen wir nicht. Wir verschenken viel. Trotzdem: Meist ist das Haus noch voll von Osterhasen, wenn Omas Nikoläuse ankommen. Zum Teil werfen wir das Zeug einfach weg, weil es schlecht geworden ist. Zwischendurch bekommen die Kinder natürlich auch noch Süßigkeiten, und zwar bei jedem Besuch bei ihrer Oma.

Bei Ömi ist es fast ebenso schlimm – sie ist offenbar der beste Abnehmer aller Produkte von Haribo in ihrer ganzen Nachbarschaft. Überall im Haus finden sich Schubladen und Schalen voller Tüten mit Gummibärchen und sauren Schlangen und Colafläschchen und solchem Zeug – für die Kinder. Mit den beiden Omas darüber zu sprechen, dass zu viel Zucker für Kinder ungesund ist, haben wir mehrfach versucht und schließlich aufgegeben, weil sie uns einfach komplett ignorierten. Letztlich hat der Überfluss den Kindern allerdings überhaupt nicht geschadet, sondern eher genutzt: Süßes hängt ihnen total zum Hals heraus, sie naschen fast nie, haben beide gesunde Zähne und sind absolut schlank.

Weil meine Mutter selbst nicht mehr so mobil ist, schenkt sie den Enkeln zum Geburtstag Geld, und zwar je zweihundert Euro. In letzter Zeit vergisst sie aber immer, wie viel sie üblicherweise überreicht, und sagt solche Dinge wie: »Ida bekommt noch ihre vierhundert Euro von mir, wie jedes Jahr zum Geburtstag!«

»Zweihundert Euro, Mama. Das ist mehr als genug.«

»Also, ich bin ganz sicher, dass jedes Kind immer vierhundert Euro von mir kriegt. Oder waren es fünfhundert? Nun erinnere ich mich doch nicht mehr so genau …«

»Es waren zweihundert. Und das reicht wirklich völlig«, antworte ich dann. Meistens verwende ich den Großteil des Geldes für anfallende Kleidungs- und Schuhkäufe für die Kinder. Zum Glück wachsen sie ständig aus allem raus, sodass das Geld gut genutzt werden kann.

Wir haben ohnehin schon zu viele Spielsachen. Ömi nämlich kann noch sehr gut shoppen gehen, daher entwickelt sich das Weihnachtsfest in unserer Familie zu einer beispiellosen Konsumschlacht. Linus, der sehr ordentlich ist für ein Kind seines Alters, ist danach manchmal regelrecht deprimiert, weil er nicht weiß, wie er all die neuen Sachen in seinem Zimmer unterbringen soll.

Das Geld für die vielen Geschenke spart Ömi sich vom Mund ab, zumindest dachten wir das lange Zeit, denn Ömi sagte immer, sie habe so gut wie keine Rente. Ihr ganzes Vermögen bestünde aus ihrem Haus, aber ansonsten wäre da nicht so viel, obwohl sie ihr Leben lang fleißig gearbeitet hat.

»Aber als ich jünger war, zahlte man nicht automatisch in eine Rentenkasse ein«, sagte sie immer. Ihr verstorbener Mann und sie wären sich damals einig darüber gewesen, dass Rentenkassen nur etwas für arme Leute seien und sie beide so etwas nicht nötig hätten.

»Andere Leute in meiner Lage würden Sozialhilfe beantragen. Anspruch darauf hätte ich allemal«, sagte Ömi manchmal – was ich bei einer Besitzerin einer Villa mit riesigem Grundstück sehr stark bezweifle. »Aber natürlich würde ich niemals Sozialhilfe beantragen. Das gehört sich nun wirklich nicht!«, erklärte sie.

Wie es genau um ihre Finanzen steht, wussten wir natürlich nicht. Sicherheitshalber bezahlte mein Mann Andreas aber so allerhand für sie. Zum Beispiel alle Renovierungs- und Instandhaltungsarbeiten am Haus. Und die alljährliche Heizölrechnung und die Autoversicherung (und Kfz-Steuer) und neulich einen Satz neuer Gartenstühle und eine Gartenliege (alles Akazienholz und von einem renommierten Gartenbedarfshersteller). Seit einiger Zeit bezahlt er auch einen Studenten aus der Nachbarschaft, der regelmäßig zum Rasenmähen und Heckenschneiden und Kaminholzstapeln vorbeikommt, weil Andreas das alles allein einfach nicht mehr schafft.

Vor etwa einem Jahr war es dann so weit, dass Ömi bei ihren Bankangelegenheiten einfach nicht mehr durchblickte: Wenn mal eine Rechnung ins Haus kam, dann wusste sie plötzlich nicht mehr so recht, was sie damit anstellen sollte. Deshalb nahm Andreas die Sache in die Hand und kümmerte sich fortan um Ömis Finanzen. Dabei stellte sich heraus, dass Ömi eine sonderbare Vorstellung von Bedürftigkeit hat, denn sie selbst ist davon meilenweit entfernt. Ömi bekommt nämlich doch eine richtige und ordentliche Rente, und zwar sehr üppig. Ihre monatlichen Einkünfte sind jedenfalls deutlich höher als das, was ich später im Alter einmal zu erwarten habe.

Meine Mutter weiß die Beträge der einzelnen Posten auf dem Kontoauszug sogar nach wie vor auswendig, so war das schon immer: 51 Euro 60 Cent für Strom, 238 Euro 27 Cent Hausgeld, und so weiter. Wenn sich die allerkleinste Kleinigkeit ändert, dann merkt sie das sofort. Aber plötzlich versteht sie den Unterschied zwischen Haben und Soll nicht mehr. Sie versteht oft nicht, ob sie die 51 Euro 60 Cent von den Stadtwerken abgezogen oder auf ihr Konto einbezahlt bekommen hat.

Das hat ein wenig mit einer Umstellung bei ihrer Bank zu tun: Die Auszüge werden neuerdings in modernerem Schriftbild ausgeliefert – statt in kräftigen schwarzen Ziffern und Buchstaben erscheinen sie nur noch in einem grauen Hauch von einer Schrift. Sehr hübsch, aber die Buchstaben H und S sind jetzt so zart gedruckt, dass sie selbst für mich nur noch mit der Lesebrille zu erkennen sind.

Mama hat die Umstellung allerdings völlig durcheinandergebracht. Sie reagierte geradezu hysterisch, und nun muss ich regelmäßig alle Kontoauszüge mehrfach mit ihr durchgehen.

Die übrigen Schreiben ebenfalls. Bei jedem Besuch wartet schon ein riesiger Stapel Post auf mich, der auch nie so recht kleiner wird, weil Mama nichts weglegt oder wegwirft. Auch ich darf nicht mal Anmerkungen auf den durchgegangenen Briefen notieren, so was wie »erledigt am 24.9.12«, denn sie reagiert regelrecht hysterisch, sobald ich das versuche. Ich muss sogar alle Werbesendungen (zum Beispiel die von irgendwelchen Kabelanbietern) explizit mit ihr durchgehen und besprechen. Immer und immer wieder aufs Neue. Denn weil ich nichts Erledigtes wegräumen darf, legt sie mir ein und dieselben Schreiben und (längst überwiesene) Rechnungen mehrfach vor.

Mittlerweile sortiere ich einiges heimlich aus: Immer wenn sie kurz in die Küche verschwindet oder einfach wegschaut, ziehe ich ganz schnell ein paar der Schreiben heraus und schiebe sie unauffällig in meine Handtasche. Doch der Stapel wächst schneller, als ich ihn auf diese Weise abbauen kann.

Die Zähne meiner Mutter sind jetzt übrigens wieder fixiert, doch lange werden sie auch diesmal nicht halten, meinte die Zahnärztin. Meine Mutter solle schon mal über ein neues Gebiss nachdenken, sagte sie.

Am nächsten Tag hatte ich Mama wieder am Telefon. Sie sagte: »Über die Sache mit dem Gebiss habe ich heute den ganzen Tag nachgedacht, und ich bin zu einer Entscheidung gekommen: Ich will keines!«

»Aha, sehr interessant. Und warum bitte nicht, wenn ich fragen darf?«

»Weißt du, ich habe von Fällen gehört, wo die Patienten für Brücken und Gebisse Geld zahlen müssen! Stell dir vor!«

»Das kann ich mir sogar ziemlich gut vorstellen! Sowohl du als auch ich haben schon oft Zuzahlungen für Brücken oder Kronen leisten müssen, und zwar nicht zu knapp, aber das hast du vielleicht gerade nicht mehr so präsent.«

»Und was passiert, wenn ich plötzlich zweitausend Euro bezahlen soll?«, fragte sie panisch.

»Dann zahlst du das eben!«, antwortete ich.

»Aber ich habe das Geld nicht!« (noch größere Panik).

»Doch, hast du!« (Ich kenne ja ihren Kontostand.) »Oder willst du ganz ohne Zähne herumlaufen …«

»Ohne Zähne!« (Maximale Panik.) »Ich würde NIEMALS ohne Zähne herumlaufen!!!«

»Wenn du das nicht willst, dann musst du eben zahlen. Aber es ist ja noch gar nicht raus, dass eine eventuelle Zuzahlung so hoch ausfällt. Vielleicht musst du gar nicht zweitausend Euro berappen! Vielleicht ist es viel weniger Geld.«

»Oder aber viel mehr. Oh mein Gott! Aber vielleicht bin ich ja bis dahin längst tot!«, sagte sie.

»Vielleicht«, antwortete ich. »Aber falls du dich nicht noch schnell von einem Auto überfahren lässt, ist es sehr unwahrscheinlich. Deine Zähne halten in letzter Zeit doch immer nur ein paar Wochen, also wird das Gebiss recht bald fällig. Und du bist doch noch quietschfidel!«

»Ach, meinst du vielleicht!«, sagte sie giftig, und ich konnte ihren Kugelblitzblick regelrecht bei mir einschlagen spüren – obwohl sie gar nicht leibhaftig, sondern am Telefon mit mir sprach.

»Ja, das meine ich absolut: Quietschfidel und ein bisschen bockig wie immer! Freu dich also auf ein schönes, neues, strahlend weißes Gebiss!« Meine Mutter wäre allerdings nicht meine Mutter, wenn sie so denken würde, und daher freute sie sich natürlich nicht.

Liebe Oma

Nun ist es fast auf den Tag ein Jahr her, dass Mama Probleme mit dem Captopril und dem Gedächtnis und allem anderen bekam, und ich muss sagen: Wir zwei haben uns schon lange nicht mehr so gut verstanden wie heute. Das liegt natürlich hauptsächlich an den Psychopharmaka, ist aber trotzdem gut.

An guten Tagen erinnert mich meine Mutter wieder an früher. Sogar ihre Stimme klingt wieder so – sehr warmherzig und fröhlich. So war sie früher eigentlich immer. Wie sie an schlechten Tagen ist, das habe ich ja nun ein ganzes Buch lang geschildert.

Wunderbar ist, dass wir auch wieder viel mit ihr unternehmen. Ungefähr zehn Jahre vor der Demenz-Diagnose war Mama nämlich durchgehend beleidigt oder schlecht drauf und war nicht bereit, auch nur ein einziges Mal etwas mit der Familie zu unternehmen. Doch diese Zeit scheint der Vergangenheit anzugehören, und alles ist fast wie früher: Wir gehen oft zusammen essen oder wenigstens zu Kaffee und Kuchen in ein Café. Sie kommt uns besuchen, sie kommt sogar zum Grillen oder in einen Biergarten mit. Mama findet es wieder richtig schön, auszugehen, und sie prahlt bei der Verwandtschaft und bei ihren Freundinnen am Telefon damit, was ihre Kinder nicht alles für sie täten und wohin wir sie nicht alles ausführten. Da ist natürlich auch ein bisschen Angeberei dabei: Tatsächlich ist sie nicht immer ganz froh, wenn ich sie aus dem Haus scheuche. Am liebsten verschanzt sie sich nach wie vor hinter angeblichen Schmerzen auf der Couch und hält dort Hof.

Es hat sich vieles in ihrem Leben geändert in dem Jahr: Wir Jüngeren haben die Angelegenheit Mama generalstabsmäßig in die Hand genommen. Wir kümmern uns darum, dass sie die erforderlichen Medikamente nimmt (mit Hilfe der Pflegerinnen), dass das Hörgerät getragen wird, der Kühlschrank voll ist, die Rechnungen bezahlt werden. Die meisten Maßnahmen hält Mama für unnötig, ja schikanös, aber es geht nicht anders. Und auch wenn sie schimpft – sie würde sowieso schimpfen, auch wenn wir nichts täten, oder wahrscheinlich dann erst recht. Mama ist jemand, der immer Anlass zur Beschwerde findet.

Es läuft also alles ganz gut, doch nun werden langsam weitere Maßnahmen erforderlich. Erstens: Mama braucht ein neues Bett mit einer guten Matratze, und am besten auch noch ein neues Sofa, ebenfalls mit einer guten Matratze, denn sie nickt ja oft auf dem Sofa ein. So, wie Mama liegt, sind Rückenschmerzen nämlich vorprogrammiert. Wenn ich nur eine Nacht auf ihrem durchgelegenen alten Bett schlafen würde, müsste ich danach wochenlang zur Krankengymnastik.

Natürlich will Mama nichts von einem neuen Bett hören. »Was sollen meine Wirbelsäulenprobleme bitte mit meinem Bett zu tun haben?!«, blafft sie nur, aber es hilft alles nichts: Das neue Bett kommt, und wenn sie sich auf den Kopf stellt (was ihr schwerfallen würde).

Ebenso entschlossen bin ich, das Badezimmer mit Haltegriffen und Wannen-Einstiegshilfen aufrüsten zu lassen, denn es geht nicht an, dass Mama sich weiter nur mit dem Waschlappen am Waschbecken waschen kann. Das wird ein harter Kampf, ich bin darauf gefasst.

Beim dritten Punkt hat sie noch ein wenig Probezeit: Es geht ums tägliche Spazierengehen. An sich sollte sie nämlich jeden Tag etwa eine Stunde lang gehen. So sagt das der Neurologe. Aber Mama weigert sich. Manchmal habe ich das Gefühl, dass an jedem Tag, an dem sie nur so zu Hause hockt und Löcher in die Wand starrt, unzählige Hirnzellen kaputtgehen. Und immer wenn sie unterwegs ist, wird sie, zumindest kurz, fast so wie früher. Aber sie will den therapeutischen Nutzen des Spazierengehens nicht einsehen.

»Ich gehe raus, wenn ich Lust habe!«, posaunt sie. »Und heute hatte ich keine Lust. Aus. Punkt, basta!«, oder:

»Ich wüsste nicht, was ich da draußen soll! Bei diesem Wetter!« (25 Grad, Schäfchenwolken, Sonnenschein, leider von schweren Samt-Vorhängen verdeckt.) Oder:

»Ich muss nicht raus, ich bin zu Hause schon zweitausend Schritte gegangen. Zweitausend! Ist das etwa nichts!?« Oder:

»Spazieren gehen? Wo soll ich denn hier um Himmels willen spazieren gehen?!«

»Na, einfach durch die schöne, grüne Parkanlage, wie alle anderen Leute hier auch!«, wende ich ein.

»Nein! Auf keinen Fall! Da langweile ich mich ja zu Tode!«

»Dann kauf dir eine Zeitung und setz dich zwischenzeitlich auf die Bank!«

»Ich les doch keine Zeitung auf der Bank!«

»Warum denn nicht?«, frage ich.

»Weil ich nicht will!«

Tatsächlich sollte sie laut Arzt nicht nur mehr gehen, sondern wirklich öfter die Zeitung lesen.

»Zeitung lesen! Das sagt sich so leicht! An so einer Zeitung kann man eine ganze Woche lesen, so viel steht da drin!«, sagt Mama, als wäre das eine ungeheuerliche Frechheit von den Zeitungsmachern.

»Du musst ja nicht alles lesen. Lies einfach einen oder zwei Artikel, das reicht doch schon!«, wende ich ein.

»Und der Rest? Soll ich den vielleicht einfach wegwerfen?«

»Warum nicht? Die Zeitung, die du kaufst, kostet nur sechzig Cent. Du kannst es dir locker leisten, jeden Tag eine neue zu kaufen und nur zwei oder drei Artikel …« Doch da verstummte ich: Der Blick, der mich gerade traf, war geradezu lebensgefährlich.

Tatsächlich habe ich lange nicht verstanden, wo überhaupt das Problem lag. Erst kürzlich habe ich es erkannt: Es lag tatsächlich am Geld. Um Geld zu sparen, liest Mama nämlich neuerdings statt der Tageszeitung, die sie sich ungefähr 65 Jahre täglich leistete, die Werbeseiten der Supermärkte, die im Postkasten landen. Da stehen dann solche Sachen wie: Hackfleisch gemischt, 100 Gramm: 99 Cent. Brokkoli, Stückpreis: 89 Cent. Saftorangen aus Valencia: 3 Kilo, 2,99 Euro. »Das kann ich so gut wie auswendig«, sagt Mama stolz. »Ist das etwa nichts?«

Wenn ich nicht selbst mit ihr eine Runde drehen kann, frage ich Mama jetzt täglich am Telefon, ob sie schon draußen war, und ziemlich oft ist das tatsächlich der Fall gewesen.

Und genauso oft nicht. Deswegen drohe ich ihr nun immer ein wenig und sage: Wenn du nicht rausgehst, dann organisieren wir eine Pflegerin, die jeden Tag mit dir spazieren geht. Das klingt hundsgemein von mir, ich weiß, aber es ist nun mal so, dass Mama neue Pflegerinnen fürchtet wie den Teufel, und deshalb bekomme ich sie auf diese Weise ziemlich zuverlässig aus dem Haus. Man muss sich eben auch mal trauen, sich unbeliebt zu machen!

Für die Zukunft, wenn Mama wirklich nicht mehr bereit ist, allein rauszugehen, habe ich auch schon eine Idee: Es gibt in derselben Straße, in der Mama wohnt, eine wahnsinnig nette Frau, mit der sie sich angefreundet hat, als sie früher oft mit meiner Tochter Ida auf dem Spielplatz war. Tatjana heißt die Frau, sie ist in meinem Alter, ihre Kinder sind nun auch lange schon aus dem Spielplatzalter heraus. Tatjana selbst jobbt ein wenig in der Nachbarschaftshilfe und hat mir bereits ihre Hilfe für Mama angeboten. Am liebsten würde ich sie gleich buchen, denn ich weiß, dass Mama mit Tatjana viel mehr Spaß hätte als alleine im Park. Aber ich warte noch ein wenig ab – noch weiß ich nicht, wie ich die Sache einfädeln soll, ohne dass meine Mutter sich völlig entmündigt fühlt.

Ömi ist derzeit übrigens die Einsichtigere von beiden, aber das muss nichts heißen, weil sich die beiden in puncto Trotz abwechseln. Ömi liest derzeit täglich die Zeitung und hat sie sogar neuerdings abonniert, um geistig fit zu bleiben. Allerdings liest sie sowieso ganz gern. Sie liest eigentlich den ganzen Tag. Ömi isst sogar wieder einigermaßen normal und versucht angeblich, täglich einen Mittagsschlaf einzulegen. Natürlich nicht im Bett, so weit käme es noch, sondern wahrscheinlich auf einer mit rostigen Nägeln durchsetzten Streckbank oder irgendwas ähnlich Bequemem. Aber dazu kann ich nur sagen: Wie man sich bettet, so liegt man – Hauptsache, sie schläft überhaupt und ist nachmittags fit genug, um noch zu wissen, wer und wo sie überhaupt ist.

Wenn Ömi genug gegessen, getrunken und geschlafen hat, dann ist sie noch genau so, wie sie immer war: und zwar trotz aller Schrullen eigentlich sehr lieb. Besonders zu den Kindern.

Das Schönste bei Ömi ist immer, wie sie bei Familienfesten alles für die Kinder herrichtet: Es gibt zum Beispiel bestimmt nirgends im ganzen Land einen so schönen Osterfrühstückstisch wie bei Ömi. Der ganze Tisch ist dann geschmückt mit kleinen Osterhasen und Küken und Gockeln, und zu jeder Figur erzählt sie den gebannt zuhörenden Kindern eine kleine Geschichte: Den Hasen hat eure Großtante im Handarbeitsunterricht geschnitzt, und das kleine gelbe Küken stammt noch von dem Bauernhof, auf dem euer verstorbener Großvater aufgewachsen ist, es ist über hundert Jahre alt – und so weiter und so fort.

Natürlich fährt sie bei der Gelegenheit, wie es ihre Art ist, Lebensmittel für eine ganze Kompanie auf – aber solange man den Hund vom Tisch fernhält, macht das ja nichts!

Nur mit den Ostereiern gab es letztes Mal ein Problem: Sie waren zwar wunderschön rot, blau, gelb und grün, doch als die Kinder den üblichen Wettbewerb im Osterei-Ditschen (Gegeneinanderschlagen) veranstalteten, stellte sich heraus: Die Eier waren zwar gefärbt, aber nicht gekocht, sodass den Kindern Eigelb und Eiweiß die Hand entlanglief. Aber als die Kinder laut herauslachten, lachte Ömi einfach mit, deshalb war das gar nicht so schlimm.

Die Kinder sind überhaupt das Wichtigste für unsere Omas. Wenn meine Mutter meine Kinder trifft, dann verwandelt sich ihr Gesichtsausdruck, und sie wird ein anderer Mensch. All das Meckern und Blaffen und Keifen verstummt, und statt Kugelblitzen senden ihre Augen pure, reine Liebe. Die ganze Frau leuchtet wie ein Kerzenständer, sobald nur ein Kind das Zimmer betritt.

Kürzlich, in den Ferien, hatte ich keine Betreuungsperson für Linus, da lud ich ihn bei meiner Mutter ab – ein wenig mit schlechtem Gewissen, weil ich Mama nicht belasten wollte. Eigentlich kann Linus mit seinen mittlerweile zehn Jahren auch mal gut allein bleiben, aber andererseits ist das auch ein wenig trostlos für ein Kind, und Ida, meine Große, war alleine verreist. Der Besuch war aber ein voller Erfolg, Linus kochte bei Oma Nudeln mit Soße, er führte sie spazieren, alles war perfekt, und seither darf ich jeden Tag von Oma hören, wie großartig er ist.

Es war tatsächlich das erste Mal, dass Linus so lange allein bei der Oma war, denn als er auf die Welt kam, war sie schon nicht mehr fit: Die beiden sind sich nicht so nah wie Oma und Ida. Doch als Ida klein war, war die Oma ständig präsent und kümmerte sich um sie (das war vor den Rückenproblemen und der Verschrobenheit). Das machte sie damals so liebevoll und so toll, dass ich es ihr nie vergessen werde!

Nun wird es Zeit, Tacheles zu reden: Natürlich geht es mit Mama nicht gerade bergauf, trotz Psychopharmaka. Sie vergisst, daran gibt es nichts zu rütteln. Es ist der Lauf der Krankheit, und natürlich wird es schlimmer, Tag für Tag. Sie hat sich ein wenig ans Vergessen gewöhnt, es ist schon ein bisschen Alltag und Routine. Und manchmal ist auch alles, was sie so von sich gibt, nur Hysterie, Show, gnadenlose Übertreibung – das ist einfach ihre Art. Doch wenn man das alles wegstreicht, bleibt ein Abbau, der nicht wegzudiskutieren ist. Oft macht sie das ängstlich wie ein Kind, wirr und voller Panik, und dann würde ich am liebsten sofort nach dem Neurologen rufen und noch stärkere Psychopharmaka fordern. Denn wenn sie sich schon vergisst, dann soll sie wenigstens glücklich und froh dabei sein. Aber ich weiß natürlich nicht, ob das gut wäre, ob man das überhaupt darf und ob es wirklich hilft.

Und nach wie vor kann ich manchmal mit ihren Eigenheiten nur schwer umgehen, dann werde ich ungeduldig. Deswegen martert mich ständig mein Gewissen: So oft bin ich bei ihr und kümmere mich um sie, und genauso oft mache ich es einfach falsch.

Ich wünschte, ich hätte mehr Geduld. Ich wünsche mir, dass wir noch oft zusammen in der Sonne sitzen, und die Kinder sind dabei. Dass wir essen, lachen, Musik hören. Ich wünsche mir, dass Mama mit uns schwimmen geht – ich weiß, dass sie sich wünscht zu schwimmen, sich aber nicht mehr traut. Ich wünsche mir, dass sie noch oft zu uns zum Essen kommt und danach bei uns auf dem Sofa sitzt und sich freut, da zu sein, so wie sie das immer tut. Und dass sie dann wieder lange mit den Kindern in ihren Zimmern verschwindet und mit ihnen »Mensch ärgere Dich nicht« spielt. Ich wünsche mir, dass sie mir Rindsrouladen kocht (und endlich ihre Angst vor Rinderwahn verliert). Ich wünsche mir, dass sie Spaß hat und die Dinge genießt. Und ich wünsche mir mit Mama für all das noch sehr viel Zeit.

Runter vom Altenteil, rein ins Vergnügen!

Peter Großmann / Ingo Froböse
IST ES WAHRE LEIDENSCHAFT ... ODER NUR ERHÖHTER BLUTDRUCK?
Gute Gründe, das Alter nicht zu ernst zu nehmen
208 Seiten
ISBN 978-3-404-60679-5

Wieso haben wir nur alle so schreckliche Angst vor dem Alter? Müssen wir wirklich scheintot im Rollator dahinsiechen bis uns der Fährmann ruft?
Alles Quatsch, meinen Peter Großmann und Ingo Froböse. Weil die beiden Sport-Koryphäen langsam aber sicher die eigene Jugend hinter sich lassen, haben sie irgendwann begonnen, sich intensiv mit dem Phänomen Alter auseinanderzusetzen.
Für uns haben Sie nun die verblüffendsten Studien und Fakten zusammengetragen, die beweisen: Alter bedeutet nicht nur Verlust. Neben ungeahnter geistiger Fitness, dem besten Sex unseres Lebens und besserer Laune, erwartet uns sogar so etwas wie eine zweite Pubertät ...

Bastei Lübbe Taschenbuch

Werde Teil der Bastei Lübbe Welt
You Tube
www.luebbe.de
Lesen, rezensieren, Bücher gewinnen
Lerne Autoren, Verlagsmitarbeiter und andere Leser kennen